春秋經傳集解

四部備要

經部

中華書局據相臺岳氏家塾本校刊

桐鄉　陸費逵總勘
杭縣　高時顯
　　　吳汝霖輯校
杭縣　丁輔之監造

春秋經傳集解昭公四第二十三

杜氏註　盡十七年

經十有三年春，叔弓帥師圍費。不書南蒯以費叛。不以告廟。○(費)音祕。

夏四月，楚公子比自晉歸于楚，弒其君虔于乾谿。比去晉而不送。書歸者，依陳蔡以入，言陳蔡猶列國也。比歸而靈王死，故書弒其君。靈王無道而弒稱臣，比非首謀而反書弒，比雖脅立，猶以罪加也。靈王死在五月，又不在乾谿，楚人生失靈王，故本其始禍以赴之。

楚公子弃疾殺公子比。比雖爲君，而未列於諸侯，故不稱爵。殺不稱人，罪弃疾。

秋，公會劉子、晉侯、齊侯、宋公、衛侯、鄭伯、曹伯、莒子、邾子、滕子、薛伯、杞伯、小邾子于平丘。平丘在陳留長垣縣西南。○(垣)音袁。

八月甲戌，同盟于平丘。書同，齊服故。公不與盟。魯不堪晉求，讒慝弘

多公不與盟非國惡故不諱○[與]音預晉人執季孫意如以歸公至自

會無傳蔡侯盧歸于蔡○[盧]音盧又力居反陳侯吳歸于陳陳蔡皆受

封于楚故稱爵諸侯納之曰歸冬十月葬蔡靈公蔡復而後以君禮葬之公如

晉至河乃復晉人辭公吳滅州來州來楚邑用大師焉曰滅

傳十三年春叔弓圍費弗克敗焉爲費人所敗不書諱之平子

怒令見費人執之以爲囚俘治區夫曰非也區夫魯大夫○

[區]烏侯反一丘于反若見費人寒者衣之飢者食之爲之令主

而共其乏困費來如歸南氏亡矣民將叛之誰與居

邑若憚之以威懼之以怒民疾而叛爲之聚也若諸

侯皆然費人無歸不親南氏將焉入矣平子從之費

人叛南氏。費叛南氏在明年。傳善逼夫之謀。終言其效。〇[衣]於既反[食]音嗣[共]音恭[爲]之聚于
僞反。楚子之爲令尹也。殺大司馬薳掩而取其室。在襄三十
年。〇[薳]于委反。及卽位。奪薳居田。居。掩之族。言薳氏所以怨。遷許而質許
圍。遷許在九年。圍。許大夫。〇[質]音致。蔡洧有寵於王。王之滅蔡也。其
父死焉。楚滅蔡在十一年。洧仕楚。其父在國。故死。〇[洧]于軌反。王使與於守而
行。使洧守國。王行至乾谿。〇[與]音預[守]手又反。申之會。越大夫戮焉。申會在四
年。王奪鬭韋龜中犨。韋龜。令尹子文玄孫。中犨。邑名。〇[犨]尺州反。又奪成
然邑而使爲郊尹。成然。韋龜子。郊尹。治郊竟大夫。蔓成然故事蔡公。
蔡公。弃疾也。故猶舊也。韋龜以弃疾有當璧之命。故使成然事之。故薳氏之族及薳
居許圍蔡洧蔓成然。皆王所不禮也。因羣喪職之族

啓越大夫常壽過作亂。常壽過申會所戮者。○〔過〕古禾反。圍固城克
息舟城而居之。息舟楚邑城之堅固者。觀起之死也其子從在
蔡。事朝吳。觀起死在襄二十二年。朝吳故蔡大夫聲子之子。○〔從〕如字。〔朝〕如字。曰今不
封蔡。蔡不封矣。我請試之。觀從以父死怨楚。故欲試作亂。以蔡公之
命召子干子晳。二子皆靈王弟。元年子干奔晉。子晳奔鄭。及郊而告之情。告以蔡公謀。
強與之盟。入襲蔡。蔡公將食。見之而逃。不知
其故。驚起辟之。○〔強〕其丈反。觀從使子干食。坎用牲加書而速行。
使子干居蔡公之牀。食蔡公之食。竝偽與蔡公盟之徵驗。以示衆。己徇於蔡。己觀從也。○〔己〕
音紀。曰蔡公召二子將納之。與之盟而遣之矣。將師而
從之。詐言蔡公將以師助二子。蔡人聚將執之。執觀從。辭曰失賊成

軍而殺余何益。乃釋之。賊謂子干子皙也。言蔡公已成軍。殺己不解罪。朝吳曰。二三子若能死亡。則如違之。以待所濟。言若能爲靈王死亡。則可違蔡公之命。以待成敗如何。若求安定。則如與之。以濟所欲。言與蔡公則可得安定。且違上。何適而可。言不可違也。上謂蔡公。衆曰與之。乃奉蔡公。召二子而盟于鄧。潁川召陵縣西南有鄧城。二子。子干子皙。依陳蔡人以國。國陳蔡而依之。楚公子比。子干。公子黑肱。子皙。公子棄疾。蔡公。蔓成然。蔡朝吳。帥陳蔡不羹許葉之師。因四族之徒。四族。薳氏許圍蔡洧蔓成然。○羹音郎。葉始涉反。以入楚。及郊。陳蔡欲爲名。故請爲武軍。欲築壘壁。以示後人。爲復讎之名。蔡公知之曰。欲速。且役病矣。請藩而已。乃藩爲軍。藩。籬也。蔡公使須務牟與史猈先入因正僕人殺大子祿及公子罷敵須務牟史猈楚大夫蔡公之黨也正僕大子之近官○[猈]皮皆反徐扶蟹反又扶移反[罷]音皮徐甫綺反一蒲買反公子比爲王公子黑肱爲令尹次于魚陂竟陵縣城西北有甘魚陂公子弃疾爲司馬先除王宮使觀從從師于乾谿而遂告之從乾谿之師告使叛靈王且曰先歸復所後者劓劓截鼻○[劓]魚器反師及訾梁而潰靈王還至訾梁而衆散○[訾]子斯反王聞羣公子之死也自投于車下曰人之愛其子也亦如余乎侍者曰甚焉小人老而無子知擠于溝壑矣擠隊也○[擠]子細反王曰余殺人子多矣能無及此乎右尹子革曰請待于郊以聽國人聽國人之所與王曰衆怒不可犯也曰

若入於大都而乞師於諸侯王曰皆叛矣曰若亡於諸侯以聽大國之圖君也王曰大福不再祇取辱焉然丹乃歸于楚（然丹子革弃王歸○〔祇〕音支）王沿夏將欲入鄢（夏漢別名順流爲沿順漢水南至鄢○〔夏〕上聲〔鄢〕於建反一於晚反）芋尹無宇之子申亥曰吾父再奸王命（謂斷王旌執人於章華宮○〔芋〕于付反又音羽）王弗誅惠孰大焉君不可忍惠不可弃吾其從王乃求王遇諸棘闈以歸（棘里名闈門也）夏五月癸亥王縊于芋尹申亥氏（癸亥五月二十六日皆在乙卯丙辰後傳終言之經書四月誤）申亥以其二女殉而葬之觀從謂子干曰不殺弃疾雖得國猶受禍也子干曰余不忍也子玉曰人將忍子（子玉觀從）吾不忍俟也

乃行。國每夜駭曰。王入矣。相恐以靈王也。乙卯夜。弃疾使周
走而呼曰。王至矣。周。偏也。乙卯。十八日。○[呼]好故反。國人大驚。使蔓
成然走告子干子晳曰。王至矣。國人殺君司馬。將來
矣。司馬。謂弃疾也。言司馬見殺以恐子干。君若早自圖也。可以無辱。衆
怒如水火焉。不可爲謀。又有呼而走至者曰。衆至矣。
二子皆自殺。不書弒君。位未定也。丙辰。弃疾即位。名曰熊居。葬
子干于訾。實訾敖。不成君。無號謚者。楚皆謂之敖。殺囚。衣之王服。而
流諸漢。乃取而葬之。以靖國人。使子旗爲令尹。子旗。蔓成
然。○[衣]於既反。楚師還自徐。前年圍徐之師。吳人敗諸豫章。獲其五
帥。定二年。楚人伐吳。師于豫章。吳人見舟于豫章。而潛師于巢。以軍楚師于豫章。又柏舉之役。吳人舍

舟于淮汭而自豫章與楚夾漢此皆當在江北淮水南蓋後徙在江南豫章○[帥]所類反謂蕩侯潘子司馬督囂尹午陵尹喜平王封陳蔡復遷邑復九年所遷邑致羣賂始舉事時所賂施舍寬民宥罪舉職舉職脩廢官召觀從王曰唯爾所欲觀從教子干殺弃疾弃疾今召用之明在君爲君之義對曰臣之先佐開卜乃使爲卜尹佐卜人開龜兆使枝如子躬聘于鄭且致犨櫟之田犨櫟本鄭邑楚中取之平王新立故還以賂鄭○[櫟]音歷事畢弗致知鄭自說服不復須賂故鄭人請曰聞諸道路將命寡君以犨櫟敢請命對曰臣未聞命既復王問犨櫟降服而對降服如今解冠也謝違令曰臣過失命未之致也王執其手曰子毋勤姑歸不穀有事其告子也王善其有權有事將復使之他年芉尹申

亥。以王柩告。乃改葬之。初。靈王卜曰。余尚得天下。尚庶幾。不吉。投龜詬天而呼曰。是區區者而不余畀。區區小天下。○〔詬〕呼豆反。又許后反。〔呼〕火故反。余必自取之。民患王之無厭也。故從亂如歸。初。共王無冢適。冢大也。○〔厭〕於焉反。〔共〕音恭。〔適〕丁歷反。下同。有寵子五人。無適立焉。乃大有事于羣望。羣望星辰山川。而祈曰。請神擇於五人者。使主社稷。乃徧以璧見於羣望。曰。當璧而拜者。神所立也。誰敢違之。既乃與巴姬密埋璧於大室之庭。巴姬共王妾。大室祖廟。使五人齊而長入拜。從長幼以次拜。○〔齊〕側皆反。〔長〕丁丈反。康王跨之。過其上也。〔跨〕苦化反。○靈王肘加焉。子干子皙皆遠之。平王弱。抱而入。再拜皆厭紐。

微見璧紐。以爲審識。○〔胕〕中九反。〔遠〕于萬反。〔厭〕於甲反。又於輒反。〔紐〕女九反。〔識〕申志反。又如字。鬭韋龜屬成然焉。知其將立。故託其子。○〔屬〕音燭。且曰弃禮違命。楚其危哉。弃立長之禮。違當璧之命。終致靈王之亂。子干歸。韓宣子問於叔向曰。子干其濟乎。對曰。難。宣子曰。同惡相求。如市賈焉。何難。宣子謂弃疾親恃子干。共同好惡。故言如市賈同利以相求。○〔賈〕音古。對曰。無與同好。誰與同惡。言弃疾本不與子干同好。則亦不得同惡。取國有五難。有寵而無人。一也。寵須賢人而固。有人而無主。二也。雖有賢人。當須內主爲應。有主而無謀。三也。謀。策謀也。有謀而無民。四也。民。衆也。有民而無德。五也。四者既備。當以德成。子干在晉十三年矣。晉楚之從。不聞達者。可謂無人。晉楚之士。從子干游。皆非達人。族盡親叛。可謂無主。無親族在楚。無釁而動。可謂無謀。召子干時楚未有大釁。爲羈終世。可謂無民。終身羈客在晉是無民。亡無愛徵。可謂無德。楚人無愛念之者。王虐而不忌。靈王暴虐無所畏忌將自亡。楚君子干涉五難以弒舊君。誰能濟之。言楚借君子干以弒靈王終無能成。有楚國者。其弃疾乎。君陳蔡。城外屬焉。城方城也時穿封戌既死弃疾并領陳事。苛慝不作。盜賊伏隱。私欲不違。不以私欲違民事○〔苛〕音何。民無怨心。先神命之。先神謂羣望。國民信之。芈姓有亂。必季實立。楚之常也。獲神一也。當璧拜○〔芈〕彌爾反。有民二也。民信之。令德三也。無苛慝。寵貴四也。貴妃子。居常五也。弃疾季。有五利以去五難。誰能害之。子干之官則右尹也。數其貴寵則庶子也。以神所命。則又遠之。其貴士矣。位不尊。○〔去〕起呂反。〔遠〕于萬反。〔亡〕音無。又如字。其寵弃矣。父既沒故。民無懷焉。非令德。國無與焉。無內主。將何以立。宣子曰。齊桓晉文不亦是乎。皆庶賤。對曰。齊桓。衛姬之子也。有寵於僖。衛姬。齊僖公妾。有鮑叔牙賓須無隰朋以爲輔佐。有莒衛以爲外主。齊桓出奔莒。衛有舅氏之助。有國高以爲內主。國氏。高氏。齊上卿。從善如流。言其疾也。下善齊肅。齊。嚴也。肅。敬也。○〔齊〕音齋。不藏賄。清也。不從欲。儉也。○〔從〕子用反。施舍不倦。施舍。猶言布恩德。求善不厭。是以有國。不亦宜乎。我先君文公。狐季姬之子也。有寵於獻。好學而不貳。言篤志。生十七年。有士五人。狐偃。趙衰。顛頡。魏武子。司空季子。五士從出。○〔衰〕初危反。〔從〕才用反。有先大夫子餘子犯以爲腹心（子餘趙衰。子犯狐偃。）有魏犨賈佗以爲股肱（魏犨魏武子也。稱五人而說四士。賈佗又不在本數。蓋叔向所賢。）有齊宋秦楚以爲外主（齊妻以女。宋贈以馬。楚王享之。秦伯納之。）有欒郤狐先以爲內主（謂欒枝。郤縠。狐突。先軫也。○〔郤〕去逆反。〔縠〕戶木反。）亡十九年守志彌篤惠懷弃民（惠公懷公不恤民也。）民從而與之獻無異親民無異望（獻公之子九人。唯文公在。）天方相晉將何以代文此二君者異於子干共有寵子國有奧主（謂弃疾也。○〔共〕音恭。）無施於民無援於外去晉而不送歸楚而不逆何以冀國（傳言子干所以蒙弒君之名。弃疾所以得國。○〔施〕式豉反。）晉成虒祁（在八年。○〔虒〕音斯。）○諸侯朝而歸者皆有貳心（賤其奢也。）爲取郪故（取郪在十年。○〔爲〕于僞反。）

〔郠〕工杏反。晉將以諸侯來討。叔向曰。諸侯不可以不示威。知晉德薄。欲以威服之。乃竝徵會。告于吳。秋。晉侯會吳子于良。下邳有良城縣。水道不可。吳子辭。乃還。辭不會。七月丙寅。治兵于邾南。甲車四千乘。三十萬人。羊舌鮒攝司馬。鮒。叔向弟也。攝。兼官。遂合諸侯于平丘。子產子大叔相鄭伯以會。子產以幄幕九張行。幄幕。軍旅之帳。子大叔以四十。既而悔之。每舍損焉。及會。亦如之。亦九張也。傳言子產之適宜。大叔之從善。次于衛地。叔鮒求貨於衛。淫芻蕘者。欲使衛患之而致貨。〇〔蕘〕如遙反。衛人使屠伯饋叔向羹與一篋錦。屠伯。衛大夫。曰。諸侯事晉。未敢攜貳。況衛在君之宇下。屋宇之下。喻近也。而敢有異志。芻蕘者異於他日。敢請之。(請止之。)叔向受羹反錦。(受羹示不逆其意，且非貨。)

曰：晉有羊舌鮒者，瀆貨無厭，(瀆，數也。○厭，於鹽反。)亦將及矣。(將及禍。)爲此役也，(役，事也。)子若以君命賜之，其已。客從之，未退而禁之。(禁，蒭蕘者。)晉人將尋盟，齊人不可。(有貳心故。)晉侯使叔向告劉獻公，(獻公，王卿士劉子。)曰：抑齊人不盟，若之何？對曰：盟以厎信也，(厎，致也。)君苟有信，諸侯不貳，何患焉？告之以文辭，董之以武師，雖齊不許，君庸多矣。(董，督也。庸，功也。討之有辭，故功多也。)天子之老請帥王賦，元戎十乘，以先啓行，(天子大夫稱老。元戎，戎車在前者。啓，開也。行，道也。)遲速唯君。(欲佐晉討齊。)叔向告于齊，曰：諸侯求盟，已在此矣。今君弗利，寡君以爲請。對

曰。諸侯討貳。則有尋盟。若皆用命。何盟之尋。託用命以拒晉
叔向曰。國家之敗。有事而無業。事則不經。業貢賦之業。有
業而無禮。經則不序。須禮而有次序。有禮而無威。序則不共。
禮須威嚴而後共。有威而不昭。共則不明。威須昭告神明而後信義著。不
明。弃共。百事不終。所由傾覆也。信義不明則弃威。不威弃禮。無禮無經。無
經無業。故百事不成。是故明王之制。使諸侯歲聘以志業。志識也。歲
聘以脩其職業。閒朝以講禮。三年而一朝。正班爵之義。率長幼之序。○〔閒〕去聲。再朝
而會以示威。六年而一會。以訓上下之則。制財用之節。再會而盟以顯昭
明。十二年而一盟。所以昭信義也。凡八聘四朝再會。王一巡守。盟于方嶽之下。志業於好。
聘也。○〔好〕呼報反。講禮於等。朝也。示威於衆。會也。昭明於神。盟也。自

古以來未之或失也存亡之道恆由是興晉禮主盟依先王先公舊禮主諸侯盟懼有不治奉承齊犧齊盟之犧牲○[犧]許宜反而布諸君求終事也終竟也君曰余必廢之何齊之有唯君圖之寡君聞命矣齊人懼對曰小國言之大國制之敢不聽從既聞命矣敬共以往遲速唯君叔向曰諸侯有閒矣閒隙也不可以不示衆八月辛未治兵習戰建而不旆建立旌旗不曳其旆旆游也壬申復旆之諸侯畏之軍將戰則旆故曳旆以恐之○[復]扶又反邾人莒人愬于晉曰魯朝夕伐我幾亡矣自昭公即位邾魯同好又不朝夕伐莒無故怨愬晉人信之所謂讒慝弘多我之不共魯故之以不共晉貢以魯故也晉侯不見公使叔向來辭

曰。諸侯將以甲戌盟。寡君知不得事君矣。請君無勤。託謙辭。以絕魯。子服惠伯對曰。君信蠻夷之訴。蠻夷。謂邾莒。以絕兄弟之國。弃周公之後。亦唯君。寡君聞命矣。叔向曰。寡君有甲車四千乘在。雖以無道行之。必可畏也。況其率道。其何敵之有。牛雖瘠。僨於豚上。其畏不死。僨。仆也。○(僨)方問反。南蒯子仲之憂。其庸可弃乎。弃。猶忘也。若奉晉之衆。用諸侯之師。因邾莒杞鄫之怒。四國近魯。數以小事相忿。鄫已滅。其民猶存。故幷以恐魯。以討魯罪。閒其二憂。因南蒯子仲二憂。爲閒隙。何求而弗克。魯人懼。聽命。不敢與盟。甲戌。同盟于平丘。齊服也。經所以稱同。令諸侯日中造于除。除地爲壇。盟會處。○(造)七報反。(壇)音善。癸酉。

退朝先盟朝晉〔先〕悉薦反○子產命外僕速張於除張幄幕子大
叔止之使待明日及夕子產聞其未張也使速往乃
無所張矣地已滿也傳言子產每事敏於大叔及盟子產爭承承貢賦之次
曰昔天子班貢輕重以列列位也列尊貢重周之制也
公侯地廣故所貢者多卑而貢重者甸服也甸服謂天子畿內共職貢者鄭
伯男也而使從公侯之貢言鄭國在甸服外爵列伯子男不應出公侯之貢
懼弗給也敢以爲請諸侯靖兵好以爲事靖息也〔好〕呼報反○
行理之命行理使人通聘問者無月不至貢之無藝藝法制小國
有闕所以得罪也諸侯脩盟存小國也貢獻無極亡
可待也存亡之制將在今矣自日中以爭至于昏晉

人許之既盟子大叔咎之曰諸侯若討其可瀆乎瀆易也○[易]以豉反子產曰晉政多門政不出一家貳偷之不暇何暇討貳不壹偷苟且國不競亦陵何國之爲不競爭則爲人所侵陵不成爲國公不與盟信邾莒之訴欲討魯故晉人執季孫意如以幕蒙之蒙裹也使狄人守之司鐸射魯大夫○[射]食亦反又食夜反懷錦奉壺飲冰以蒲伏焉守者御之乃與之錦而入蒲伏竊往飲季孫冰箭筩蓋可以取飲○[奉]芳勇反[蒲]步都反又音扶[伏]蒲北反又音服[御]魚呂反[飲]於鴆反[筩]音童又音勇晉人以平子歸子服湫從湫子服惠伯從至晉○[湫]子小反徐音椒[從]才用反子產歸未至聞子皮卒哭且曰吾已已猶決竟無爲爲善矣唯夫子知我言子皮知己之善仲尼謂子產於是行也足

以爲國基矣詩曰樂旨君子邦家之基詩小雅言樂與君子爲治乃國家之基本子產君子之求樂者也且曰合諸侯藝貢事禮也嫌爭競不順故以禮明之鮮虞人聞晉師之悉起也五年傳曰遺守四千今甲車四千乘故爲悉起而不警邊且不脩備言夷狄無謀晉荀吳自著雍以上軍侵鮮虞及中人驅衝競中山望都縣西北有中人城驅衝車與狄爭逐大獲而歸爲十五年晉伐鮮虞起楚之滅蔡也靈王遷許胡沈道房申於荊焉平王即位既封陳蔡而皆復之禮也滅蔡在十一年許胡沈小國也道房申皆故諸侯楚滅以爲邑荊山也傳言平王得安民之禮汝南有吳防縣即防國隱大子之子廬歸于蔡禮也隱大子大子有也廬蔡平侯悼大子之子吳歸于陳禮也悼大子偃師也吳陳惠公

冬。十月。葬蔡靈公。禮也。國復成禮以葬也。此陳蔡事。傳皆言禮。嫌楚所封不得比
諸侯故明之。公如晉。荀吳謂韓宣子曰。諸侯相朝。講舊好
也。執其卿而朝其君。有不好焉。不如辭之。乃使士景
伯辭公于河。景伯士文伯之子彌牟也。○舊〔好〕呼報反。吳滅州來。令尹子
旗請伐吳。王弗許。曰。吾未撫民人。未事鬼神。未脩守
備。未定國家。而用民力。敗不可悔。州來在吳。猶在楚
也。子姑待之。傳言平王所以能有國。季孫猶在晉。子服惠伯私
於中行穆子。私與之語。曰。魯事晉。何以不如夷之小國。魯
兄弟也。土地猶大。所命能具。若爲夷弃之。使事齊楚。
其何瘳於晉。瘳差也。○〔爲〕于僞反。下同。親親與大賞共罰否。所以

爲盟主也子其圖之諺曰臣一主二（言一臣必有二主道不合得去事他國）吾豈無大國（言非獨晉可事）穆子告韓宣子且曰楚滅陳蔡不能救而爲夷執親將焉用之乃歸季孫惠伯曰寡君未知其罪合諸侯而執其老（老尊卿稱）若猶有罪死命可也（死晉命也）若曰無罪而惠免之諸侯不聞是逃命也何免之爲請從君惠於會（欲得盟會見遣不欲私去）宣子患之謂叔向曰子能歸季孫乎對曰不能鮒也能（鮒叔魚）乃使叔魚叔魚見季孫曰昔鮒也得罪於晉君自歸於魯君（蓋襄二十一年坐叔虎與欒氏黨奔得罪）微武子之賜不至於今（武子季平子祖父）雖獲歸骨於晉猶子則肉之敢不盡情歸

子而不歸鮒也聞諸吏將爲子除館於西河（西使近河）其若之何且泣（泣以信其言）平子懼先歸惠伯待禮（待見遣之禮）

經十有四年春意如至自晉（書至者喜得免）三月曹伯滕卒（無傳四同盟）夏四月（無傳）秋葬曹武公（無傳）八月莒子去疾卒（未同盟○〔去〕起呂反）冬莒殺其公子意恢（以禍亂告不必繫於卿故雖公子亦書意恢與亂君爲黨故書名惡之○〔恢〕苦回反〔惡〕烏路反）

傳十四年春意如至自晉尊晉罪己也（以舍族爲尊晉罪己○〔舍〕音捨）尊晉罪己禮也（禮脩己而不責人）南蒯之將叛也盟費人司徒老祁慮癸（二人南蒯家臣）僞癈疾使請於南蒯曰臣願受盟而疾興若以君靈不死請待閒而盟（閔差也○〔差〕初賣反）

許之。二子因民之欲叛也。請朝衆而盟。欲因合衆以作亂。遂劫南蒯。曰。羣臣不忘其君。君謂季氏。畏子以及今三年。聽命矣。子若弗圖。費人不忍其君。將不能畏子矣。不能復畏子。○畏子以及今。絕句。子何所不逞欲。請送子。送使出奔。請期五日。南蒯請期。冀有變。遂奔齊。侍飲酒於景公。公曰。叛夫。戲之。對曰。臣欲張公室也。張。強也。子韓晳曰。齊大夫。家臣而欲張公室。罪莫大焉。言越職。司徒老祁慮癸來歸費。歸魯。齊侯使鮑文子致之。南蒯雖叛。費人不從。未專屬齊。二子逐蒯而復其舊。故經不書歸費。齊使文子致邑。欲以假好。非事實也。夏。楚子使然丹簡上國之兵於宗丘。且撫其民。上國在國都之西。西方居上流。故謂之上國。宗丘。楚地。分貧振窮。分。與也。振。

（救也。○[分]如字，徐甫問反。）長孤幼。養老疾。收介特。（介特，單身民也。收養，不使流散。○[長]丁丈反。）救災患。宥孤寡。（寬其賦稅。）赦罪戾。詰姦慝。（詰，責問也。○[詰]起吉反。）舉淹滯。（淹滯，有才德而未敘者。）禮新敘舊。（新，羇旅也。）祿勳合親。（勳，功也。親，九族也。）任良物官。（物，事也。）使屈罷簡東國之兵於召陵。（兵在國都之東者。○[罷]音皮，[召]上照反。）亦如之。（如然丹。）好於邊疆。（結好四鄰。○[好]呼報反。）息民五年，而後用師，禮也。秋八月，莒著丘公卒。郊公不慼。（郊公，著丘公子。○[著]直居反，徐直據反。）國人弗順，欲立著丘公之弟庚與。（庚與，莒共公。○[與]音餘。）蒲餘侯惡公子意恢而善於庚與。（蒲餘侯，莒大夫茲夫也。意恢，莒羣公子。○[惡]烏路反，下同。）郊公惡公子鐸而善於意恢。（鐸亦羣公子。）公子鐸因蒲餘侯而與之謀曰

爾殺意恢，我出君而納庚與。許之。爲下冬殺意恢傳。楚令尹
子旗有德於王，有佐立之德。不知度，與養氏比，而求無厭。
養氏，子旗之黨，養由基之後。○比，毗志反。厭，於鹽反。王患之。九月甲午，楚子殺
鬭成然，而滅養氏之族。使鬭辛居鄖，以無忘舊勳。辛，子
旗之子鄖公辛。○鄖音云。冬十二月，蒲餘侯茲夫殺莒公子意恢，
郊公奔齊。公子鐸逆庚與於齊，齊隰黨、公子鉏送之，
有賂田。莒賂齊以田。晉邢侯與雍子爭鄐田，邢侯，楚申公巫臣之子也。
雍子亦故楚人。○鄐，許六反，又超六反。久而無成。士景伯如楚，士景伯，晉理官。
叔魚攝理。攝代景伯。韓宣子命斷舊獄，罪在雍子。雍子納
其女於叔魚，叔魚蔽罪邢侯。蔽，斷也。○斷，丁亂反。蔽，必世反。邢侯怒，

殺叔魚與雍子於朝。宣子問其罪於叔向。叔向曰。三人同罪。施生戮死可也。施，行罪也。雍子自知其罪而賂以買直。鮒也鬻獄。邢侯專殺。其罪一也。己惡而掠美爲昏。掠，取也。昏，亂也。○鬻，羊六反。掠，音亮。貪以敗官爲墨。墨，不潔之稱。○敗，必邁反。又如字。殺人不忌爲賊。忌，畏也。夏書曰。昏墨賊殺。逸書。三者皆死刑。皐陶之刑也。請從之。乃施邢侯而尸雍子與叔魚於市。仲尼曰。叔向。古之遺直也。言叔向之直，有古人遺風。○施，如字。孔晁注國語，尸氏反。治國制刑。不隱於親。謂國之大問，己所荅當也。至於他事，則宜有隱。○當，丁浪反。三數叔魚之惡。不爲末減。末，薄也。減，輕也。皆以正言之。○數，色主反。又色具反。曰義也夫。可謂直矣。於義未安，直則有之。○夫，音扶。一芳于反。平丘之會數其賄也（謂言瀆貨無厭）以寬衛國晉不爲暴歸魯季孫稱其詐也（謂言也能 鮒）以寬魯國晉不爲虐邢侯之獄言其貪也以正刑書晉不爲頗三言而除三惡加三利（三惡暴虐頗也三惡除則三利加○〔頗〕普何反）殺親益榮（榮名益己）猶義也夫（三罪唯荅宣子問不可以不正其餘則以直傷義故重疑之）

經十有五年春王正月吳子夷末卒（無傳未同盟）二月癸酉有事于武宮籥入叔弓卒去樂卒事（略書有事爲叔弓卒起也武宮魯武公廟成六年復立之○〔去〕起呂反）夏蔡朝吳出奔鄭（朝吳不遠讒人所以見逐而書名）六月丁巳朔日有食之（無傳）秋晉荀吳帥師伐鮮虞冬公如晉

傳十五年春將禘于武公戒百官齊戒梓慎曰禘之日其有咎乎吾見赤黑之祲非祭祥也喪氛也祲妖氛也蓋見於宗廟故以爲非祭祥也氛惡氣也○〔祲〕子鴆反〔氛〕芳云反其在涖事乎涖臨也二月癸酉禘叔弓涖事籥入而卒去樂卒事禮也大臣卒故爲之去樂○〔去〕起呂反○楚費無極害朝吳之在蔡也朝吳蔡大夫有功於楚平王故無極恐其有寵疾害之○〔費〕扶味反欲去之乃謂之曰王唯信子故處子於蔡子亦長矣而在下位辱必求之吾助子請請求上位又謂其上之人蔡人在上位者曰王唯信吳故處諸蔡二三子莫之如也而在其上不亦難乎弗圖必及於難夏蔡人逐朝吳朝吳出奔鄭王怒曰余唯信吳

故寘諸蔡且微吳吾不及此女何故去之無極對曰臣豈不欲吳（非不欲善吳於〔難〕乃旦反）○然而前知其爲人之異也（言其多權謀）吳在蔡蔡必速飛去吳所以翦其翼也（以鳥喻也言吳在蔡必能使蔡速强而背楚）六月乙丑王大子壽卒（周景王子）秋八月戊寅王穆后崩（大子壽之母也傳爲晉荀躒如周葬穆后起）晉荀吳帥師伐鮮虞圍鼓（鼓白狄之別鉅鹿下曲陽縣有鼓聚）鼓人或請以城叛穆子弗許左右曰師徒不勤而可以獲城何故不爲穆子曰吾聞諸叔向曰好惡不愆民知所適事無不濟（愆過也適歸也）或以吾城叛吾所甚惡也人以城來吾獨何好焉賞所甚惡若所好何（無以復加所好）若其弗賞是

失信也。何以庇民。力能則進。否則退。量力而行。吾不可以欲城而邇姦。所喪滋多。使鼓人殺叛人而繕守備。圍鼓三月。鼓人或請降。使其民見。曰猶有食色。姑脩而城。軍吏曰獲城而弗取。勤民而頓兵。何以事君。穆子曰吾以事君也。獲一邑而教民怠。將焉用邑。邑以賈怠。不如完舊。完猶保守。○(見)賢遍反。(賈)音古。下同。賈怠無卒。卒、終也。弃舊不祥。鼓人能事其君。我亦能事吾君。率義不爽。爽、差也。好惡不愆。城可獲而民知義所。知義所在也。苟必其能獲。故因以示義。有死命而無二心。不亦可乎。鼓人告食竭力盡而後取之。克鼓而反。不戮一人。以鼓子鳶鞮歸。鳶鞮、鼓君。

名。○〔鳶〕悅全反。〔鞮〕丁兮反。冬。公如晉。平丘之會故也。平丘會。公不與盟。季孫見執。今既得免。故往謝之。十二月。晉荀躒如周。葬穆后。籍談爲介。既葬。除喪。以文伯宴。樽以魯壺。文伯。荀躒也。魯壺。魯所獻壺樽。○〔躒〕力狄反。王曰。伯氏。諸侯皆有以鎮撫王室。晉獨無有。何也。感魯壺而言也。鎮撫王室。謂貢獻之物。文伯揖籍談。對曰。文伯無辭。揖籍談使對。諸侯之封也。皆受明器於王室。謂明德之分器。○〔分〕扶問反。以鎮撫其社稷。故能薦彝器於王。薦。獻也。彝。常也。謂可常寶之器。若魯壺之屬。晉居深山。戎狄之與鄰。而遠於王室。王靈不及。拜戎不暇。言王寵靈不見及。故數爲戎所加陵。○〔遠〕于萬反。又如字。其何以獻器。王曰。叔氏。而忘諸乎。叔。籍談字。叔父唐叔。成王之母弟也。其反無分平密須之鼓與其大路文所以大蒐也密須姞姓國也在安定陰密縣文王伐之得其鼓路以蒐○[蒐]所求反闕鞏之甲武所以克商也闕鞏國所出鎧○[鞏]九勇反唐叔受之以處參虛匡有戎狄參虛實沈之次晉之分野○[參]所金反其後襄之二路周襄王所賜晉文公大路戎路鍼鉞秬鬯鍼斧也鉞金鉞秬黑黍鬯香酒○[鍼]音戚[鉞]音越彤弓虎賁文公受之以有南陽之田事在僖二十八年撫征東夏非分而何夫有勳而不廢加重賞有績而載書功於策奉之以土田有南陽撫之以彝器弓鉞之屬旌之以車服襄之二路明之以文章旌旗子孫不忘所謂福也福祚之不登叔父焉在言福祚不在叔父當在誰邪○福祚之不登叔父絶句且昔而高祖孫伯黶司晉之典

籍以爲大政故曰籍氏孫伯黶晉正卿籍談九世祖○〔黶〕以斬反及辛有之二子董之晉於是乎有董史辛有周人也其二子適晉爲大史籍黶與之共董督晉典因爲董氏董狐其後女司典之後也何故忘之籍談不能對賓出王曰籍父其無後乎數典而忘其祖忘祖業○〔女音汝〔數〕色主反籍談歸以告叔向叔向曰王其不終乎吾聞之所樂必卒焉今王樂憂若卒以憂不可謂終王一歲而有三年之喪二焉天子絕期唯服三年故后雖期通謂之三年喪○〔期〕居其反於是乎以喪賓宴又求彝器樂憂甚矣且非禮也彝器之來嘉功之由非由喪也三年之喪雖貴遂服禮也天子諸侯除喪當在卒哭今王既葬而除故譏其不遂王雖弗遂宴樂

以早亦非禮也言今雖不能遂服猶當靜嘿而便宴樂又失禮也○（嘿）亡北反禮王之大經也一動而失二禮無大經矣失二禮謂既不遂服又設宴樂言以考典考成也典以志經志經而多言舉典將焉用之爲二十二年王室亂傳

經十有六年春齊侯伐徐楚子誘戎蠻子殺之夏公至自晉秋八月己亥晉侯夷卒未同盟九月大雩季孫意如如晉冬十月葬昭公三月而葬速

傳十六年春王正月公在晉晉人止公不書諱之也猶以取鄆故也公爲晉人所執止故諱不書齊侯伐徐楚子聞蠻氏之亂也與蠻子之無質也質信也○（質）之實反或音致使然丹誘戎蠻

子嘉殺之遂取鑾氏既而復立其子焉禮也詐之非也立其子禮也河南新城縣東南有鑾城二月丙申齊師至于蒲隧蒲隧徐地下邳取慮縣東有蒲如陂○〔隧〕音遂〔取〕〔慮〕上音秋下力居反徐人行成徐子及郯人莒人會齊侯盟于蒲隧賂以甲父之鼎甲父古國名高平昌邑縣東南有甲父亭徐人得甲父鼎以賂齊叔孫昭子曰諸侯之無伯害哉爲小國害齊君之無道也興師而伐遠方會之有成而還莫之亢也無亢禦無伯也夫詩曰宗周既滅靡所止戾正大夫離居莫知我肄詩小雅戾定也肄勞也言周舊爲天下宗今乃衰滅亂無息定執政大夫離居異心無有念民勞者也○〔肄〕以制反其是之謂乎傳言晉之衰三月晉韓起聘于鄭鄭伯享之子產戒曰苟有位於朝

無有不共恪孔張後至立於客閒孔張子孔之孫執政禦之執政掌位列者禦止也適客後又禦之適縣閒縣樂肆(縣)音懸○客從而笑之事畢富子諫富子鄭大夫諫子產也曰夫大國之人不可不慎也幾爲之笑而不陵我言數見笑則必陵侮我○(幾)居豈反又音機我皆有禮夫猶鄙我鄙賤也(夫)音扶○國而無禮何以求榮孔張失位吾子之恥也子產怒曰發命之不衷衷當也○(衷)丁仲反又音忠出令之不信刑之頗類頗類緣事類以成偏頗○(頗)普多反(類)如字一力對反獄之放紛放縱也紛亂也會朝之不敬謂國無禮敬之心使命之不聽下不從上命取陵於大國罷民而無功罪及而弗知僑之恥也孔張君之昆孫子孔之後也昆兄也子

(孔。鄭襄公兄。孔張之祖父。○(罷)音皮。)執政之嗣也。(子孔嘗執鄭國之政。)爲嗣大夫。承命以使。周於諸侯。國人所尊。諸侯所知。立於朝而祀於家。(卿得自立廟於家。○(使)所吏反。)有祿於國。(受祿邑。)有賦於軍。(軍出卿賦百乘。)喪祭有職。(有所主。)受脤歸脤。(受脤謂君祭以肉賜大夫。歸脤謂大夫祭歸肉於公。皆社之戎祭也。○(脤)市軫反。)其祭在廟。已有著位。在位數世。世守其業。而志其所。僑焉得恥之。(其祭在廟謂助君祭。○(數)色主反。)辟邪之人。而皆及執政。是先王無刑罰也。(言爲過謬者。自應用刑罰。○(辟)匹亦反。)子寧以他規我。(規正也。)宣子有環。其一在鄭商。(玉環同工共朴。自共爲雙。)宣子謁諸鄭伯。(謁請也。)子產弗與。曰非官府之守器也。寡君不知。子大叔。子羽謂子產曰。韓。

子亦無幾求言所求少。○幾居豈反。晉國亦未可以貳晉國韓子不可偷也偷，薄也。若屬有讒人交鬭其閒鬼神而助之以興其凶怒悔之何及吾子何愛於一環其以取憎於大國也盍求而與之子產曰吾非偷晉而有二心將終事之是以弗與忠信故也僑聞君子非無賄之難立而無令名之患僑聞爲國非不能事大字小之難無禮以定其位之患夫大國之人令於小國而皆獲其求將何以給之一共一否爲罪滋大滋，益也。○屬音燭。難乃旦反。又如字。共音恭。大國之求無禮以斥之何饜之有吾且爲鄙邑則失位矣不復成國。○饜於鹽反。若韓子奉命以使

而求玉焉貪淫甚矣獨非罪乎出一玉以起二罪吾
又失位韓子成貪將焉用之且吾以玉賈罪不亦銳
乎。銳細小也。○賈音古。韓子買諸賈人既成賈矣商人曰必告
君大夫韓子請諸子產曰日起請夫環執政弗義弗
敢復也。復重求也。○成賈音嫁。請夫音扶。重直用反。今買諸商人商人曰
必以聞敢以爲請子產對曰昔我先君桓公與商人
皆出自周鄭本在周畿內桓公東遷幷與商人俱。庸次比耦庸用也。用次更相從
耦耕。○比毗志反。以艾殺此地斬之蓬蒿藜藋而共處之世
有盟誓以相信也曰爾無我叛我無強賈無強市其物。○艾魚
廢反。藋徒弔反。強其丈反。下強奪同。又其良反。毋或匄奪爾有利市寶賄我

勿與知。恃此質誓。故能相保。以至于今。今吾子以好來辱。而謂敝邑强奪商人。是教敝邑背盟誓也。毋乃不可乎。吾子得玉而失諸侯。必不爲也。若大國令而共無藝。藝。法也。鄭鄙邑也。亦弗爲也。不欲爲鄙邑之事。僑若獻玉。不知所成。敢私布之。布。陳也。韓子辭玉曰。起不敏。敢求玉以徼二罪。敢辭之。傳言子產知禮。宣子能改過。○[徼]古堯反。夏四月。鄭六卿餞宣子於郊。餞。送行飲酒。宣子曰。二三君子請皆賦。起亦以知鄭志。詩言志也。子齹賦野有蔓草。子齹。子皮之子嬰齊也。野有蔓草。詩鄭風。取其邂逅相遇。適我願兮。○[齹]才何反。字林才可反。宣子曰。孺子善哉。吾有望矣。君子相願。己所望也。子產賦鄭之羔裘。言鄭。別於唐羔裘也。

取其彼己之子舍命不渝邦之彥兮以美韓子○[己]音記[舍]音赦又音捨宣子曰起不堪也不堪國之司直子大叔賦褰裳褰裳詩曰子惠思我褰裳涉溱子不我思豈無他人言宣子思己將有褰裳之志如不我思亦豈無他人宣子曰起在此敢勤子至於他人乎言己今崇好在此不復令子適他人子大叔拜謝宣子之有鄭宣子曰善哉子之言是是褰裳不有是事其能終乎韓起不欲令鄭求他人子大叔拜以荅之所以晉鄭終善子游賦風雨子游駟帶之子駟傳也風雨詩取其既見君子云胡不夷子旗賦有女同車子旗公孫段之子豐施也有女同車取其洵美且都愛樂宣子之志○[樂]音洛又五孝反子柳賦蘀兮子柳印段之子印癸也蘀兮詩取其倡予和女言宣子倡己將和從之○[蘀]他洛反宣子喜曰鄭其庶乎庶幾於興盛二三君子以君命貺起賦不出鄭志六詩皆鄭風故曰不出鄭志

皆昵燕好也。昵親也。賦不出其國。以示親好。○[昵]女乙反。二三君子數世之主也。可以無懼矣。宣子皆獻馬焉。而賦我將。我將、詩頌。取其日靖四方。我其夙夜。畏天之威。言志在靖亂。畏懼天威。子產拜。使五卿皆拜。曰。吾子靖亂。敢不拜德。宣子私覲於子產以玉與馬。曰。子命起舍夫玉。是賜我玉而免吾死也。敢不藉手以拜。以玉馬藉手拜謝。公至自晉。晉聽公歸。子服昭伯語季平子曰。昭伯、惠伯之子子服回也。隨公從晉還。晉之公室其將遂卑矣。君幼弱。六卿彊而奢傲。將因是以習。習實爲常。能無卑乎。平子曰。爾幼。惡識國。昭伯尚少。平子不信其言。○[惡]烏路反。秋八月晉昭公卒。爲下平子如晉葬起。九月大雩。旱也。鄭大旱。使屠擊祝款暨柎有事於桑山三子鄭大夫有事祭也○[柎]音附又方于反斬其木不雨子產曰有事于山蓺山林也蓺養護令繁殖○[蓺]音藝而斬其木其罪大矣奪之官邑冬十月季平子如晉葬昭公平子曰子服回之言猶信自往見之乃信回言子服氏有子哉有賢子也

經十有七年春小邾子來朝夏六月甲戌朔日有食之秋郯子來朝八月晉荀吳帥師滅陸渾之戎○[渾]戶門反冬有星孛于大辰大辰房心尾也妖變非常故書○[孛]音佩楚人及吳戰于長岸吳楚兩敗莫肯告負故但書戰而不書敗也長岸楚地

傳十七年春小邾穆公來朝公與之燕季平子賦采

叔。采叔。詩小雅。取其君子來朝。何錫與之。以穆公喻君子。穆公賦菁菁者莪。菁菁者莪。亦詩小雅。取其既見君子。樂且有儀。以荅采叔。昭子曰不有以國其能久乎。嘉其能荅賦。言其賢。故能久有國。夏六月甲戌朔日有食之祝史請所用幣。禮正陽之月日食當用幣於社。故請之。昭子曰日有食之天子不舉。不舉盛饌。伐鼓於社。責羣陰。諸侯用幣於社。請上公。伐鼓於朝。退自責。禮也平子禦之。禦禁也。曰止也。唯正月朔慝未作日有食之於是乎有伐鼓用幣禮也其餘則否。大史曰在此月也。正月謂建巳正陽之月也。於周爲六月。於夏爲四月。慝陰氣也。四月純陽用事。陰氣未動而侵陽。災重。故有伐鼓用幣之禮也。平子以爲六月非正月。故大史荅言在此月也。○(正)音政。日過分而未至。過春分而未夏至。三辰有災。三辰日月星也。

日月相侵又犯是宿故三辰皆為災於是乎百官降物降物素服君不舉辟
移時辟正寢過日食時樂奏鼓伐鼓祝用幣用幣於社史用辭用辭以自
責故夏書曰辰不集于房逸書也集安也房舍也日月不安其舍則食瞽
奏鼓瞽樂師嗇夫馳庶人走車馬曰馳步曰走為救日食備也此月朔
之謂也當夏四月謂之孟夏言此六月當夏家之四月平子弗從
昭子退曰夫子將有異志不君君矣安君之災故曰有異志秋
郯子來朝公與之宴昭子問焉曰少皞氏鳥名官何
故也少皞金天氏黃帝之子己姓之祖也問何故以鳥名官郯子曰吾祖也我
知之昔者黃帝氏以雲紀故為雲師而雲名黃帝軒轅氏姬
姓之祖也黃帝受命有雲瑞故以雲紀事百官師長皆以雲為名號縉雲氏蓋其一官也○縉音進炎

帝氏以火紀。故爲火師而火名。炎帝。神農氏。姜姓之祖也。亦有火瑞。以火紀事。名百官。共工氏以水紀。故爲水師而水名。共工以諸侯霸有九州者。在神農前。大皞後。亦受水瑞。以水名官。○〔共〕音恭。大皞氏以龍紀。故爲龍師而龍名。大皞。伏犧氏。風姓之祖也。有龍瑞。故以龍命官。我高祖少皞摯之立也。鳳鳥適至。故紀於鳥。爲鳥師而鳥名。鳳鳥氏曆正也。鳳鳥知天時。故以名曆正之官。玄鳥氏司分者也。玄鳥。燕也。以春分來。秋分去。伯趙氏司至者也。伯趙。伯勞也。以夏至鳴。冬至止。青鳥氏司啓者也。青鳥。鶬鷃也。以立春鳴。立夏止。○〔鶬〕音倉。〔鷃〕於諫反。丹鳥氏司閉者也。丹鳥。鷩雉也。以立秋來。立冬去。入大水爲蜃。上四鳥皆曆正之屬官。○〔鷩〕必滅反。〔蜃〕市軫反。祝鳩氏司徒也。祝鳩。鷦鳩也。鷦鳩孝。故爲司徒主教民。○〔鷦〕音焦。鴡鳩氏司馬也。鴡鳩。王鴡

也鷙而有別故爲司馬主法制○[鴡]七徐反[鷙]音至鳲鳩氏。司空也。鳲鳩鵠鵴也鳲鳩平
均故爲司空平水土○[鵠]簡八反又音吉[鵴]居六反爽鳩氏。司寇也。爽鳩鷹也鷙故爲司
寇主盜賊鶻鳩氏。司事也。鶻鳩鶻鵰也春來冬去故爲司事五鳩。鳩民者
也。鳩聚也治民上聚故以鳩爲名五雉爲五工正。五雉雉有五種西方曰鷷雉東方曰
鶅雉南方曰翟雉北方曰鵗雉伊洛之南曰翬雉○[種]章勇反[鷷]音存又音遵[鶅]側其反[翟]音狄又如字
[鵗]香衣反[翬]許韋反利器用。正度量。夷民者也。夷平也[量]音亮○九扈
爲九農正。扈有九種也春扈鳻鶞夏扈竊玄秋扈竊藍冬扈竊黃棘扈竊丹行扈唶唶宵扈嘖
嘖桑扈竊脂老扈鷃鷃以九扈爲九農之號各隨其宜以教民事○[扈]音戶[鳻]扶云反[鶞]勑倫反[唶]側百
反又助額反[嘖]音責又音賾扈民無淫者也。扈止也止民使不淫放自顓頊
以來。不能紀遠。乃紀於近。爲民師而命以民事。則不

能故也。顓頊氏代少皞者。德不能致遠瑞。而以民事命官。仲尼聞之。見於郯子而學之。於是仲尼年二十八。既而告人曰。吾聞之。天子失官學在四夷。猶信。失官。官不脩其職也。傳言聖人無常師。晉侯使屠蒯如周。請有事於雒與三塗。屠蒯晉侯之膳宰也。以忠諫見進。雒。雒水也。三塗山名。在陸渾南。○蒯苦怪反。萇弘謂劉子曰。客容猛。非祭也。其伐戎乎。陸渾氏甚睦於楚。必是故也。君其備之。乃警戎備。警戒以備戎也。欲因晉以合勢。九月丁卯。晉荀吳帥師涉自棘津。河津名。使祭史先用牲于雒。陸渾人弗知。師從之。庚午。遂滅陸渾。數之以其貳於楚也。陸渾子奔楚。其衆奔甘鹿。甘鹿。周地。周大獲。先警戎備。故獲。宣子夢文公攜荀吳而授之陸渾。故使穆子帥師獻俘于文宮。欲以應夢。冬有星孛于大辰。西及漢。夏之八月。辰星見在天漢西。今孛星出辰西。光芒東及天漢。申須曰。彗所以除舊布新也。申須。魯大夫。○〔彗〕似銳反。又息遂反。天事恆象。天道恆以象類告示人。今除於火。火出必布焉。諸侯其有火災乎。今火向伏。故知當須火出。乃布散爲災。梓慎曰。往年吾見之。是其徵也。徵始有形象而微也。火出而見。前年火出時。○〔見〕賢遍反。今茲火出而章。必火入而伏。隨火沒也。其居火也久矣。歷二年。其與不然乎。言必然也。○〔與〕如字。又音預。火出於夏爲三月。謂昏見。於商爲四月。於周爲五月。夏數得天。得天正。若火作。其四國當之。在宋衛陳鄭乎。宋。大辰之虛也。大辰大火。宋分野。○〔虛〕起居反。下同。陳。大皥之

虛也。大皞居陳木火所自出鄭祝融之虛也。祝融高辛氏之火正居鄭皆火

房也。房舍也星孛及漢漢水祥也。天漢水也衞顓頊之虛也。

故爲帝丘。衞今濮陽縣昔帝顓頊居之其城內有顓頊冢其星爲大水。衞星營室

營室水也水火之牡也。牡雄也其以丙子若壬午作乎水火

所以合也。丙午火壬子水水火合而相薄水少而火多故水不勝火○[薄]音博若火入

而伏必以壬午。尚未知今孛星當復隨火星俱伏不故言若○[復]扶又反不過其

見之月。火見周之五月鄭裨竈言於子產曰宋衞陳鄭將同

日火若我用瓘斝玉瓚鄭必不火。瓘珪也斝玉爵也瓚勺也欲以禳火

○[裨]婢支反[斝]古雅反[瓚]才旦反[勺]上若反子產弗與。以爲天災流行非禳所息故也爲明

年宋衞陳鄭災傳吳伐楚陽匄爲令尹卜戰不吉。陽匄穆王曾孫令尹

子瑕。司馬子魚曰。我得上流。何故不吉。子魚。公子魴也。順江而下。易用勝敵。○[魴]音房。且楚故。司馬令龜。我請改卜。令曰。魴也以其屬死之。楚師繼之。尚大克之。吉。得吉兆。戰于長岸。子魚先死。楚師繼之。大敗吳師。獲其乘舟餘皇。餘皇。舟名。○[乘]如字。又繩證反。使隨人與後至者守之。環而塹之。及泉。環。周也。○[環]如字。又音患。盈其隧炭。陳以待命。隧。出入道。吳公子光。光。諸樊子闔廬。請於其衆曰。喪先王之乘舟。豈唯光之罪。衆亦有焉。請藉取之以救死。藉衆之力以取舟。衆許之。使長鬣者三人。長鬣多髭鬚。與吳人異形狀。詐爲楚人。○[鬣]力輒反。潛伏於舟側。曰。我呼餘皇。則對。師夜從之。師。吳師也。○[呼]呼路反。又如字。三呼皆迭對。迭。更也。楚人從而殺之。楚師亂。吳人大敗之。取餘皇以歸。傳言吳光有謀。

春秋經傳集解昭公四第二十三

春秋經傳集解昭公五第二十四

杜氏註　盡二十二年

經十有八年春王三月曹伯須卒（未同盟而赴以名）夏五月壬午宋衞陳鄭災（來告故書天火曰災）六月鄅人入鄅（鄅國今琅邪開陽縣○〔鄅〕音禹又音矩）秋葬曹平公冬許遷于白羽（自葉遷也畏鄭而樂遷故以自遷爲文○〔葉〕始涉反）

傳十八年春王二月乙卯周毛得殺毛伯過（毛伯過周大夫得過之族○〔過〕平聲）而代之（代其位）萇弘曰毛得必亡是昆吾稔之日也侈故之以（昆吾夏伯也稔熟也侈惡積熟以乙卯日與桀同誅○〔萇〕音長）而毛得以濟侈於王都不亡何待（爲二十六年毛伯奔楚傳）三月曹

平公卒。爲下會葬見原伯起本。夏五月火始昏見。火心星。○見賢遍反。丙子風梓慎曰是謂融風火之始也東北曰融風。融風木也。木火母故曰火之始。七日其火作乎從丙子至壬午七日。壬午水火合之日。故知當火作。戊寅風甚壬午大甚宋衛陳鄭皆火梓慎登大庭氏之庫以望之大庭氏古國名。在魯城內。魯於其處作庫。高顯。故登以望氣。參近占以審前年之言。曰宋衛陳鄭也數日皆來告火言經所以書。○[數]所主反。裨竈曰不用吾言鄭又將火前年裨竈欲用瓘斝禳火。子產不聽。今復請用之。鄭人請用之信竈言。子產不可子大叔曰寶以保民也若有火國幾亡可以救亡子何愛焉子產曰天道遠人道邇非所及也何以知之竈焉知天道是亦多言矣豈不或信。多言者或時有中。○[幾]音祈。又音機。遂不與。亦不復火。傳言天道難明。雖裨竈猶不足以盡知之。鄭之未災也。里析告子產曰。將有大祥。里析。鄭大夫。祥。變異之氣。民震動國幾亡。吾身泯焉。弗良及也。言將先災死。○[先]悉薦反。國遷其可乎。子產曰。雖可。吾不足以定遷矣。子產知天災不可逃。非遷所免。故託以知不足。及火。里析死矣。未葬。子產使輿三十人遷其柩。以其嘗與己言故。火作。子產辭晉公子公孫于東門。晉人新來未入。故辭不使前也。使司寇出新客。新來聘者。禁舊客勿出於宮。爲其知國情不欲令去。使子寬子上巡羣屏攝至于大宮。二子。鄭大夫。屏攝。祭祀之位。大宮。鄭祖廟。巡行宗廟。不得使火及之。○[屏]上聲。使公孫登徙大龜。登。開卜大夫。使祝史徙主祏於周廟。告于先君。祏廟主石函。周廟厲王廟也。有火災。故合羣主於祖廟易救護。○〔祏〕音石。使府人庫人各儆其事。儆備火也。商成公儆司宮。商成公鄭大夫。司宮巷伯寺人之官。出舊宮人寘諸火所不及。舊宮人先公宮女。司馬司寇列居火道。備非常也。行火所焮。焮炙也。○〔焮〕許靳反。城下之人伍列登城。爲部伍登城備姦也。明日使野司寇各保其徵。野司寇縣士也。火之明日四方乃聞災。故戒保所徵役之人。郊人助祝史除於國北。爲祭處於國北者。就大陰禳火。禳火于玄冥回祿。玄冥水神。回祿火神。祈于四鄘。鄘城也。城積土陰氣所聚。故祈祭之以禳火之餘災。○〔鄘〕音容。書焚室而寬其征與之材。征賦稅也。三日哭國不市。示憂戚不會市。使行人告於諸侯宋衛皆如是。陳不救火許不弔災君子是以知陳許之先亡也。不義所以亡。六月。鄅人藉稻。鄅，妘姓國也。其君自出藉稻，蓋履行之。○［妘］音云。邾人襲鄅。鄅人將閉門。邾人羊羅攝其首焉。斬得閉門者頭。遂入之。盡俘以歸。鄅子曰。余無歸矣。從帑於邾。邾莊公反鄅夫人而舍其女。爲明年宋伐邾起。○［帑］音奴。秋。葬曹平公。往者見周原伯魯焉。原伯魯，周大夫。與之語。不說學。歸以語閔子馬。閔子馬曰。周其亂乎。夫必多有是說。而後及其大人。國亂俗壞。言者適多。漸以及大人。大人在位者。○［說］學。音悅。大人患失而惑。又曰。可以無學。無學不害。患有學而失道者。以惑其意。不害而不學。則苟而可。以爲無害。遂不學。則皆懷苟且。於是乎下陵上替。能無亂乎。夫學。殖也。不學將落。原氏其亡乎。殖，生長也。言學之進德。如農之殖苗日新日益。○[殖]時力反。七月。鄭子產為火故。大為社。為治也。○[為]火于偽反。下將為同。祓禳於四方。振除火災。禮也。振。弃也。○[祓]芳佛反。乃簡兵大蒐。將為蒐除。治兵於廟。城內地迫。故除廣之。子大叔之廟在道南。其寢在道北。其庭小。庭。蒐場也。過期三日。處小。不得一時畢。○[處]昌慮反。使除徒陳於道南廟北。曰。子產過女而命速除。乃毀於而鄉。而。女也。毀女所鄉。[女]音汝。[鄉]許亮反。○子產朝。朝君。過而怒之。怒。不毀。除者南毀。子產及衝。使從者止之。曰。毀於北方。言子產仁。不忍毀人廟。火之作也。子產授兵登陴。子大叔曰。晉無乃討乎。辭晉公子公孫而授兵。似若叛晉。子產曰。吾聞之。小國忘守則危。況有災乎。國之不可小。有備故也。既晉之邊吏讓鄭曰鄭國有災晉君大夫不敢寧居卜筮走望不愛牲玉鄭之有災寡君之憂也今執事撊然授兵登陴撊然勁忿貌○[撊]遐板反將以誰罪邊人恐懼不敢不告子產對曰若吾子之言敝邑之災君之憂也敝邑失政天降之災又懼讒慝之閒謀之以啓貪人薦爲敝邑不利薦重也○[閒]去聲○以重君之憂幸而不亡猶可說也說解也不幸而亡君雖憂之亦無及也鄭有他竟望走在晉言鄭雖與他國爲竟每瞻望晉歸赴之既事晉矣其敢有二心傳言子產有備楚左尹王子勝言於楚子曰許於鄭仇敵也而居楚地以不禮於鄭十五年平王復遷邑許自夷還居葉恃楚而不事鄭晉鄭

方睦鄭若伐許而晉助之楚喪地矣君盍遷許許不專於楚（自以舊國不專心事楚）鄭方有令政許曰余舊國也（許先鄭封）鄭曰余俘邑也（隱十一年鄭滅許而復存之故曰我俘邑）葉在楚國方城外之蔽也（爲方城外之蔽障）土不可易（易輕也○〔易〕以豉反）國不可小（謂鄭）許不可俘讎不可啓君其圖之楚子說冬楚子使王子勝遷許於析實白羽（於傳時白羽改爲析）

經十有九年春宋公伐邾（爲鄭）夏五月戊辰許世子止弒其君買（加弒者責止不舍藥物○〔舍〕音捨）己卯地震（無傳）秋齊高發帥師伐莒冬葬許悼公（無傳）

傳十九年春楚工尹赤遷陰于下陰（陰縣今屬南鄉郡）令尹

子瑕城郟叔孫昭子曰楚不在諸侯矣其僅自完也以持其世而已遷陰城郟皆欲以自完守楚子之在蔡也蓋爲大夫時往聘蔡郹陽封人之女奔之生大子建郹陽蔡邑○[郹]古闃反及即位使伍奢爲之師伍奢伍舉之子伍員之父○[員]音云費無極爲少師無寵焉欲譖諸王曰建可室矣室妻也王爲之聘於秦無極與逆勸王取之正月楚夫人嬴氏至自秦王自取之故稱夫人至爲下拜夫人起○[與]音預[嬴]音盈鄅夫人宋向戌之女也故向寧請師寧向戌子也請於宋公伐邾○[向]傷亮反[戌]音恤二月宋公伐邾圍蟲三月取之蟲邾邑不書圍取不以告○[蟲]直中反乃盡歸鄅俘夏許悼公瘧五月戊辰飲大子止之藥卒止獨進藥不由醫○[瘧]魚略反

大子奔晉書曰弒其君君子曰盡心力以事君舍藥物可也藥物有毒當由醫非凡人所知譏止不舍藥物所以加弒君之名○〔舍〕音捨邾人郳人徐人會宋公乙亥同盟于蟲終宋公伐邾事○〔郳〕五兮反楚子爲舟師以伐濮濮南夷也費無極言於楚子曰晉之伯也邇於諸夏而楚辟陋故弗能與爭若大城城父而寘大子焉城父今襄城城父縣○〔伯〕音霸又如字〔辟〕匹亦反以通北方王收南方是得天下也王說從之故大子建居于城父令尹子瑕聘于秦拜夫人也爲明年譖大子張本改以爲夫人遣謝秦秋齊高發帥師伐莒莒不事齊故莒子奔紀鄣紀鄣莒邑也東海贛榆縣東北有紀城○〔鄣〕音章○使孫書伐之孫書陳無宇之子子占也初莒有婦人莒

子殺其夫。已爲嫠婦。（寡婦爲嫠。〔嫠〕力之反。）○及老。託於紀鄣。紡焉以度而去之。（因紡纑連所紡以度城而藏之。以待外攻者。欲以報讎。○〔紡〕芳往反。〔度〕待洛反。）及師至。則投諸外。（投繩城外。隨之而出。）或獻諸子占。子占使師夜縋而登。（緣繩登城。）登者六十人。縋絕。師鼓譟。城上之人亦譟。莒共公懼。啓西門而出。七月丙子。齊師入紀。（傳言怨不在大。）是歲也。鄭駟偃卒。子游娶於晉大夫。生絲。弱。（子游。駟偃也。絲幼少。）其父兄立子瑕。（子瑕。子游叔父駟乞。）子產憎其爲人也。（憎子瑕。）且以爲不順。（舍子立叔。不順禮也。）弗許。亦弗止。（許之爲違禮。止之爲違衆。故中立。）駟氏聳。（聳。懼也。）他日。絲以告其舅。冬。晉人使以幣如鄭。問駟乞之立故。駟氏懼。駟乞欲逃。子產弗遣請龜以卜亦弗予大夫謀對子產不待而對客曰鄭國不天（不獲天福）寡君之二三臣札瘥夭昏（夭死曰札小疫曰瘥短折曰夭未名曰昏）今又喪我先大夫偃其子幼弱其一二父兄懼隊宗主私族於謀而立長親（於私族之謀宜立親之長者）寡君與其二三老曰抑天實剝亂是吾何知焉（言天自欲亂駟氏非國所知）諺曰無過亂門民有兵亂猶憚過之而況敢知天之所亂今大夫將問其故抑寡君實不敢知其誰實知之平丘之會（在十三年○〔過〕古禾反下同）君尋舊盟曰無或失職若寡君之二三臣其即世者晉大夫而專制其位是晉之縣鄙也何國之爲辭客幣而報其使晉

人舍之。遣人報晉使○[使]所吏反楚人城州來沈尹戌曰楚人必敗。十三年吳滅州來今就城而取之戌莊王曾孫葉公諸梁父也○[戌]音恤[葉]始涉反昔吳滅州來在十三年子旗請伐之王曰吾未撫吾民今亦如之而城州來以挑吳能無敗乎侍者曰王施舍不倦息民五年可謂撫之矣戌曰吾聞撫民者節用於內而樹德於外民樂其性而無寇讎今宮室無量民人日駭勞罷死轉。轉遷徙也○[挑]徒了反[罷]音皮忘寢與食非撫之也傳言平王所以不能霸鄭大水龍鬭于時門之外洧淵時門鄭城門也洧水出滎陽密縣東南至潁川長平入潁○[洧]于軌反國人請為禜焉子產弗許曰我鬭龍不我覿也覿見也○[禜]為命反龍鬭我獨何覿焉禳之則彼其室也淵，龍之室。吾無求於龍，龍亦無求於我，乃止也。傳言子產之知。令尹子瑕言蹶由於楚子，蹶由，吳王弟。五年，靈王執以歸。○〔蹶〕九衛反。曰：「彼何罪？諺所謂室於怒，市於色者，楚之謂矣。言靈王怒吳子而執其弟，猶人忿於室家而作色於市人。舍前之忿可也。」乃歸蹶由。言楚子能用善言。

經二十年春王正月。夏，曹公孫會自鄭出奔宋。無傳。嘗有玉帛之使來告，故書。鄭，曹邑。○〔鄭〕莫公反，一士增反。秋，盜殺衛侯之兄縶。齊豹作而不義，故書曰盜，所謂求名而不得。○〔縶〕張立反。冬十月，宋華亥、向寧、華定出奔陳。與君爭而出，皆書名，惡之。○〔華〕戶化反。十有一月辛卯，蔡侯廬卒。無傳。未同盟而赴以名。○〔廬〕力烏反，又力於反。

傳二十年春王二月己丑日南至是歲朔旦冬至之歲也當言正月己丑朔日南至時史失閏閏更在二月後故經因史而書正月傳更具於二月記南至日以正歷也梓愼望氛氛氣也時魯侯不行登臺之禮使梓愼望氣曰今茲宋有亂國幾亡三年而後弭蔡有大喪爲宋華向出奔蔡侯卒傳叔孫昭子曰然則戴桓也戴族華氏桓族向氏汰侈無禮已甚亂所在也傳言妖由人興費無極言於楚子曰建與伍奢將以方城之外叛自以爲猶宋鄭也齊晉又交輔之將以害楚其事集矣王信之問伍奢伍奢對曰君一過多矣一過納建妻何信於讒王執伍奢怒奢切言使城父司馬奮揚殺大子未至而使遣之知大子冤故遣令去三月大子建奔宋王召奮

揚奮揚使城父人執己以至王曰言出於余口入於爾耳誰告建也對曰臣告之君王命臣曰事建如事余臣不佞佞才也不能苟貳奉初以還奉初命以周旋不忍後命故遣之既而悔之亦無及已王曰而敢來何也對曰使而失命召而不來是再奸也奸犯也○〔使〕所吏反又如字逃無所入王曰歸從政如他日善其言舍使還無極曰奢之子材若在吳必憂楚國盍以免其父召之彼仁必來不然將爲患王使召之曰來吾免而父棠君尚謂其弟員棠君奢之長子尚也爲棠邑大夫員尚弟子胥○〔員〕音云曰爾適吳我將歸死吾知不逮自以知不及員○〔知〕音智我能死爾能報聞免父之命

不可以莫之奔也。親戚爲戮，不可以莫之報也。奔死免父，孝也。度功而行，仁也。仁者貴成功。○〔度〕待洛反。擇任而往，知也。員任報讎。○〔任〕音壬。知死不辟，勇也。尚爲勇。父不可弃，員去爲弃父。名不可廢，俱死爲廢名。爾其勉之，相從爲愈。愈，差也。伍尚歸。奢聞員不來，曰：楚君大夫其旰食乎。將有吳憂，不得早食。○〔旰〕古旦反。楚人皆殺之。員如吳，言伐楚之利於州于。州于，吳子僚。公子光曰：是宗爲戮，而欲反其讎，不可從也。光，吳公子闔廬也。反，復也。員曰：彼將有他志，光欲弒僚，不利員用事，故破其議，而員亦知之。余姑爲之求士，而鄙以待之。計未得用，故進勇士以求入於光，光退居邊鄙。○〔爲〕于僞反。乃見鱄設諸焉，鱄諸，勇士。○〔見〕賢遍反。〔鱄〕音專。而耕於鄙。爲二十七年吳弒僚傳宋元公無信多私而惡華向華定華亥與向寧謀曰亡愈於死先諸（恐元公殺己欲先作亂○〔惡〕烏路反）華亥僞有疾以誘羣公子公子問之則執之夏六月丙申殺公子寅公子御戎公子朱公子固公孫援公孫丁拘向勝向行於其廩（八子皆公黨○〔御〕魚呂反又如字）公如華氏請焉弗許遂劫之（劫公）癸卯取大子欒與母弟辰公子地以爲質（欒景公也辰及地皆元公弟○〔質〕音致案公子辰是景公之母弟地是辰兄當爲元公之子今作元公弟誤）公亦取華亥之子無感向寧之子羅華定之子啓與華氏盟以爲質（爲此冬華向出奔傳）衛公孟縶狎齊豹（公孟靈公兄也齊豹齊惡之子爲衛司寇狎輕也）奪之司寇與鄄（鄄豹邑○〔鄄〕音絹）有役則

反之。無則取之。縶足不良。故有役則以官邑還豹使行。公孟惡北宮喜。褚師圃。欲去之。喜。貞子。○[惡]烏路反。[褚]中呂反。公子朝通于襄夫人宣姜。宣姜。靈公嫡母。○[朝]如字。懼而欲以作亂。故齊豹北宮喜褚師圃。公子朝作亂。初齊豹見宗魯於公孟。薦達也。○[見]賢遍反。爲驂乘焉。爲公孟驂乘。將作亂。而謂之曰。公孟之不善。子所知也。勿與乘。吾將殺之。對曰。吾由子事公孟。子假吾名焉。故不吾遠也。言子借我以善名。故公孟親近我。○[與]音預。又如字。[遠]于萬反。雖其不善。吾亦知之。抑以利故不能去。是吾過也。今聞難而逃。是僭子也。使子言不信也。○[難]乃旦反。子行事乎。吾將死之。以周事子。周猶終竟也。而歸死於公孟。其可也。丙辰

衛侯在平壽平壽衛下邑公孟有事於蓋獲之門外有事祭也
蓋獲衛郭門齊子氏帷於門外而伏甲焉齊豹之家使祝鼃寘
戈於車薪以當門要其前也○鼃烏媧反使一乘從公孟以出
亦如前車寘戈於薪尋其後○從如字又才用反使華齊御公孟宗魯驂乘
及閎中閎曲門中○閎戶化反齊氏用戈擊公孟宗魯以背蔽
之斷肱以中公孟之肩皆殺之公聞亂乘驅自閱門
入慶比御公公南楚驂乘使華寅乘貳車公副車○斷丁管反
中丁仲反比如字又毗志反及公宮鴻駵魋駟乘于公鴻駵魋復就公乘一
車四人○駵音留魋音頹公載寶以出褚師子申遇公于馬路之
衢遂從從公出○從才用反過齊氏使華寅肉袒執蓋以當其

闕 肉袒示不敢與齊氏爭執蓋蔽公而去闕空也以蓋當侍從空闕之處 齊氏射公中

南楚之背公遂出寅閉郭門 ○不欲令追者出〔射〕食亦反 踰而從

公 踰郭出○〔從〕才用反又如字 公如死鳥 死鳥衛地 析朱鉏宵從竇出

徒行從公 朱鉏成子黑背孫○〔竇〕音豆 齊侯使公孫青聘于衛 青頃公之孫○〔頃〕音傾 既出聞衛亂使請所聘公曰猶在竟內則

衛君也乃將事焉 將事行聘事○〔竟〕音境 遂從諸死鳥請將事

辭曰亡人不佞失守社稷越在草莽吾子無所辱君

命賓曰寡君命下臣於朝曰阿下執事 阿比也命己使比衛臣下

臣不敢貳 貳違命也 主人曰君若惠顧先君之好照臨敝

邑鎮撫其社稷則有宗祧在 言受聘當在宗廟也 乃止 止不行聘事

衛侯固請見之。欲與相見。青不獲命。以其良馬見。以為相見之禮。○馬（見）賢遍反。下同。為未致使故也。未致使。故不敢以客禮見。○（為）于偽反。衛侯以為乘馬。喜其敬己。故貴其物。○（乘）繩證反。又如字。賓將掫。掫。行夜。○（掫）側九反。又祖侯反。（行）下孟反。主人辭曰。士人之憂不可以及吾子。草莽之中不足以辱從者。敢辭。賓曰。寡君之下臣。君之牧圉也。若不獲扞外役。是不有寡君也。有。相親有。（扞）戶旦反。○臣懼不免於戾。請以除死。親執鐸。終夕與於燎。設火燎以備守。○（與）音預。下不與聞同。（燎）九召反。又力弔反。齊氏之宰渠子召北宮子。北宮喜也。北宮氏之宰不與聞謀。殺渠子。遂伐齊氏。滅之。丁巳晦。公入。與北宮喜盟于彭水之上。喜本與齊氏同謀。故公先與喜盟。

秋七月戊午朔遂盟國人八月辛亥公子朝褚師圃子玉霄子高魴出奔晉（皆齊氏黨）閏月戊辰殺宣姜（與公子朝通謀故）衛侯賜北宮喜謚曰貞子（滅齊氏故）賜析朱鉏謚曰成子（霄從公故）而以齊氏之墓予之（皆未死而賜謚及墓田傳終而言之）衛侯告寧于齊且言子石（子石公孫青言其有禮）齊侯將飲酒徧賜大夫曰二三子之教也（喜青敬衛侯）苑何忌辭曰與於青之賞必及於其罰（何忌齊大夫言青若有罪亦當幷受其罰○〔苑〕於元反）在康誥曰父子兄弟罪不相及（尚書康誥）況在羣臣臣敢貪君賜以干先王（言受賜則犯康誥之義）琴張聞宗魯死（琴張孔子弟子字子開名牢）將往弔之仲尼曰齊豹之盜而孟縶之賊女

何弔焉言齊豹所以爲盜孟縶所以見賊皆由宗魯○(女)音汝君子不食姦知公
孟不善而受其祿是食姦也不受亂許豹行事是受亂也不爲利疚於回疚病
回邪也以利故不能去是病身於邪○(爲)于僞反不以回待人知難不告是以邪待人○
(難)乃旦反不蓋不義以周事豹是蓋不義不犯非禮以二心事縶是非禮宋華
向之亂公子城平公子公孫忌樂舍舍樂喜孫司馬彊向宜
向鄭宜鄭皆向戌子楚建楚平王之大子郳甲小邾穆公子○(郳)五兮反出奔
鄭八子宋大夫皆公黨辟難出其徒與華氏戰于鬼閻八子之徒衆也潁川
長平縣西北有閻亭○(閻)似廉反又以冉反敗子城子城適晉子城爲華氏所敗別
走至晉爲明年子城以晉師至起本華亥與其妻必盥而食所質公子
者而後食公與夫人每日必適華氏食公子而後歸

華亥患之欲歸公子向寧曰唯不信故質其子若又歸之死無日矣公請於華費遂將攻華氏（費遂大司馬華氏族。○〔盥〕古緩反。而〔食〕音嗣。下同。〔質〕音致。）對曰臣不敢愛死無乃求去憂而滋長乎（恐殺大子憂益長。○〔去〕起呂反。〔長〕丁丈反。）臣是以懼敢不聽命公曰子死亡有命余不忍其詢（詢恥也。○〔詢〕許候反。）冬十月公殺華向之質而攻之戊辰華向奔陳華登奔吳（登費遂之子黨華向者。）向寧欲殺大子華亥曰干君而出又殺其子其誰納我且歸之有庸（可以爲功庸。）使少司寇牼以歸（以三公子歸公也。牼華亥庶兄。○〔牼〕苦耕反。）曰子之齒長矣不能事人以三公子爲質必免（質信也。送公子歸。可以自明不叛之信。○〔爲〕如字。）公子既入華

牼將自門行從公門去公遽見之執其手曰余知而無罪
也入復而所而女也所所居官齊侯疥遂痁痁瘧疾○〔痁〕失廉反期而
不瘳諸侯之賓問疾者多在多在齊○〔期〕音基梁丘據與裔
款二子齊嬖大夫言於公曰吾事鬼神豐於先君有加矣今
君疾病爲諸侯憂是祝史之罪也諸侯不知其謂我
不敬君盍誅於祝固史嚚以辭賓欲殺嚚固以辭謝來問疾之賓○〔嚚〕
魚巾反公說告晏子晏子曰日宋之盟日往日也宋盟在襄二十七年
○〔說〕音悅屈建問范會之德於趙武趙武曰夫子之家事
治言於晉國竭情無私其祝史祭祀陳信不愧其家
事無猜其祝史不祈家無猜疑之事故祝史無求於鬼神○〔屈〕居勿反建以

語康王。楚王。○〔語〕魚據反。康王曰神人無怨宜夫子之光輔五君以爲諸侯主也。五君文。襄。靈。成。景。公曰據與款謂寡人能事鬼神故欲誅於祝史子稱是語何故對曰若有德之君外內不廢。無廢事。上下無怨動無違事其祝史薦信無愧心矣。君有功德。祝史陳說之無所愧。是以鬼神用饗國受其福祝史與焉。與受國福。○〔與〕音預。其所以蕃祉老壽者爲信君使也其言忠信於鬼神其適遇淫君外內頗邪上下怨疾動作辟違從欲厭私使私情厭足。○〔頗〕普何反。〔辟〕匹亦反。〔從〕子用反。下淫從同。或如字。〔厭〕於豔反。高臺深池撞鐘舞女斬刈民力輸掠其聚。掠。奪取也。○〔掠〕音亮。以成其違不恤後人暴虐淫從肆行非度無所還忌。還猶顧也。不思謗讟。不憚鬼神。神怒民痛。無悛於心。其祝史薦信。是言罪也。以實白神。是爲言君之罪。其蓋失數美。是矯誣也。蓋。掩也。〇數所主反。進退無辭。則虛以求媚。作虛辭以求媚於神。是以鬼神不饗其國以禍之。祝史與焉。所以夭昏孤疾者。爲暴君使也。其言僭嫚於鬼神。公曰。然則若之何。對曰。不可爲也。言非誅祝史所能治。山林之木。衡鹿守之。澤之萑蒲。舟鮫守之。藪之薪蒸。虞候守之。海之鹽蜃。祈望守之。衡鹿。舟鮫。虞候。祈望。皆官名也。言公專守山澤之利。不與民共。〇萑音丸。蜃。市軫反。縣鄙之人。入從其政。偪介之關。暴征其私。介。隔也。迫近國都之關。言邊鄙既入服政役。又爲近關所征稅。枉暴奪其私物。〇其政如字。一音征。承嗣大夫強易其賄（承嗣大夫世位者。○[强]其丈反。）布常無藝（藝法制也。言布政無法制。）徵斂無度宮室日更淫樂不違（違去也。）內寵之妾肆奪於市（肆放也。）外寵之臣僭令於鄙（詐爲教令於邊鄙。）私欲養求不給則應（養長也。所求不給則應之以罪。）民人苦病夫婦皆詛祝有益也詛亦有損聊攝以東（聊攝齊西界也。平原聊城縣東北有攝城。○[祝]之又反。下同。）姑尤以西（姑尤齊東界也。姑水尤水皆在城陽郡東南入海。）其爲人也多矣雖其善祝豈能勝億兆人之詛（萬萬曰億。萬億曰兆。）君若欲誅於祝史脩德而後可公說使有司寬政毀關去禁薄斂已責（除逋責。○[去]起呂反。[斂]力驗反。[責]本作債。[逋]布胡反。）十二月齊侯田于沛（言疾愈行獵。沛澤名。○[沛]音貝。）招虞人以弓不進（虞人掌山澤之官。公使執之辭曰昔我先君之田也旃以招大夫弓以招士皮冠以招虞人臣不見皮冠故不敢進乃舍之仲尼曰守道不如守官君招當往道之常也非物不進官之制也君子韙之韙是也齊侯至自田晏子侍于遄臺子猶馳而造焉子猶梁丘據○遄市專反造七報反公曰唯據與我和夫晏子對曰據亦同也焉得爲和公曰和與同異乎對曰異和如羹焉水火醯醢鹽梅以烹魚肉燀之以薪燀炊也○夫音扶燀章善反燃也宰夫和之齊之以味濟其不及以洩其過濟益也洩減也○濟才細反又如字君子食之以平其心君臣亦然亦如羹君所謂可而有否焉否不可也臣獻其否以成其可獻君之否以成君可君所謂否而有可焉臣獻其可以去其否是以政平而不干民無爭心故詩曰亦有和羹既戒既平詩頌殷中宗言中宗能與賢者和齊可否其政如羹敬戒且平和羹備五味異於大羹○〔和〕〔齊〕並如字一讀上戶臥反下才細反鬷嘏無言時靡有爭鬷總也嘏大也言總大政能使上下皆如和羹○〔鬷〕子工反〔嘏〕古雅反先王之濟五味濟成也和五聲也以平其心成其政也聲亦如味一氣須氣以動二體舞者有文武三類風雅頌四物雜用四方之物以成器五聲宮商角徵羽六律黃鍾大蔟姑洗蕤賓夷則無射也陽聲爲律陰聲爲呂此十二月氣○〔蔟〕七豆反〔蕤〕人誰反〔射〕音亦七音周武王伐紂自午及子凡七日王因此以數合之以聲昭之故以七同其數以律和其聲謂之七音八風八方之風九歌九功之德皆可歌也六府三事謂之九功○六府金木水火土穀三事正德利用厚

生也以相成也言此九者合然後相成爲和樂清濁小大短長疾徐哀
樂剛柔遲速高下出入周疏以相濟也周密也君子聽
之以平其心心平德和故詩曰德音不瑕詩豳風也義取心平
則德音無瑕闕今據不然君所謂可據亦曰可君所謂否據
亦曰否若以水濟水誰能食之若琴瑟之專壹誰能
聽之同之不可也如是飲酒樂公曰古而無死其樂
若何晏子對曰古而無死則古之樂也君何得焉昔
爽鳩氏始居此地爽鳩氏少皞氏之司寇也季萴因之季萴虞夏諸侯代爽
鳩氏者○〔萴〕仕側反有逢伯陵因之逢伯陵殷諸侯姜姓蒲姑氏因之蒲姑
氏殷周之閒代逢公者而後大公因之古若無死爽鳩氏之樂

非君所願也。(齊侯甘於所樂，志於不死。晏子稱古以節其情願。)鄭子產有疾。謂子大叔曰：我死，子必為政。唯有德者能以寬服民，其次莫如猛。夫火烈，民望而畏之，故鮮死焉。水懦弱，民狎而翫之，(狎，輕也。)則多死焉，故寬難。(難以治。)疾數月而卒。大叔為政，不忍猛而寬。鄭國多盜，取人於萑苻之澤。(萑苻，澤名。於澤中劫人。〔萑〕音丸。〔苻〕音蒲，又如字。)○大叔悔之，曰：吾早從夫子，不及此。興徒兵以攻萑苻之盜，盡殺之，盜少止。仲尼曰：善哉！政寬則民慢，慢則糾之以猛；(糾，猶攝也。)猛則民殘，殘則施之以寬。寬以濟猛，猛以濟寬，政是以和。詩曰：民亦勞止，汔可小康，惠此中國，以綏四方。施之以寬也詩大雅汔其也康綏皆安也周厲王暴虐民勞於苛政故詩人刺之欲其施之以寬○〔汔〕許乙反毋從詭隨詭人隨人無正心不可從○〔從〕子用反注同以謹無良謹勑慎也式遏寇虐慘不畏明糾之以猛也式用也遏止也慘曾也言為寇虐曾不畏明法者亦當用猛政糾治之柔遠能邇以定我王平之以和也柔安也邇近也遠者懷附近者各以能進則王室定又曰不競不絿不剛不柔詩殷頌言湯政得中和競強也絿急也○〔絿〕音求布政優優百祿是遒優優和也遒聚也○〔遒〕在由反又子由反和之至也及子產卒仲尼聞之出涕曰古之遺愛也子產見愛有古人之遺風

經二十有一年春王三月葬蔡平公夏晉侯使士鞅來聘晉頃公即位通嗣君宋華亥向寧華定自陳入于宋南里

以叛。自外至故曰入。披其邑故曰叛。南里，宋城內里名。○（披）普彼反秋七月壬午朔。日有食之。八月乙亥。叔輒卒。叔弓之子伯張冬。蔡侯朱出奔楚。朱爲大子則失位，遂微弱，爲國人所逐，故以自出爲文。公如晉。至河乃復。晉人辭公，故還。

傳二十一年。春。天王將鑄無射。周景王也。無射，鐘名，律中無射。○（射）音亦泠州鳩曰。王其以心疾死乎。泠，樂官。州鳩，其名也。○（泠）力丁反夫樂天子之職也。職所主也。夫音樂之輿也。樂因音而行。而鐘音之器也。音由器以發。天子省風以作樂。省風俗，作樂以移之。器以鐘之。鐘聚也。以器聚音。輿以行之。樂須音而行。小者不窕。窕，細不滿。○（窕）他彫反○大者不槬。槬，橫大不入。○（槬）戶化反則和於物。物和則嘉成。嘉樂成也。

故和聲入於耳而藏於心。心億則樂。（億安也）窕則不咸（不充滿人心。○〔咸〕如字。本作感。戶暗反）槬則不容。（心不堪容）心是以感。感實生疾。今鐘槬矣。王心弗堪。其能久乎。（爲明年天王崩傳）三月。葬蔡平公。蔡大子朱失位。位在卑。（不在適子位。以長幼齒）大夫送葬者歸。見昭子。昭子問蔡故。以告。昭子歎曰。蔡其亡乎。若不亡。是君也必不終。詩曰。不解于位。民之攸塈。（詩大雅。塈息也。○〔解〕佳賣反。〔塈〕許器反）今蔡侯始即位。而適卑。身將從之。（爲蔡侯朱出奔傳）夏。晉士鞅來聘。叔孫爲政。（叔孫昭子以三命爲國政）季孫欲惡諸晉。（憎叔孫在己上位。欲使得罪於晉。○〔惡〕烏路反）使有司以齊鮑國歸費之禮爲士鞅。（鮑國歸費在十四年。牢禮各如其命數。魯人失禮。故爲鮑國七年。○〔費〕音祕。故〔爲〕于僞反。士鞅怒曰。鮑國之位下。其國小。而使鞅從其牢禮。是卑敝邑也。將復諸寡君。魯人恐。加四牢焉。爲十一牢。言魯不能以禮事大國。且爲哀七年吳徵百牢起。宋華費遂生華貙。華多僚。華登。貙爲少司馬。多僚爲御士。公御士。○〔貙〕勑俱反。與貙相惡。乃譖諸公曰。貙將納亡人。亡人。華亥等。○〔惡〕如字。又烏路反。亟言之。公曰。司馬以吾故。亡其良子。司馬。謂費遂。爲大司馬。良子。謂華登。○〔亟〕欺冀反。死亡有命。吾不可以再亡之。對曰。君若愛司馬。則如亡。君若愛大司馬。則當亡走失國。死如可逃。何遠之有。言亡可以逃死。勿慮其遠。以恐動公。公懼。使侍人召司馬之侍人宜僚。飲之酒。而使告司馬。告司馬。使逐貙。○〔飲〕於鴆反。司馬歎曰必多僚也吾有讒子而弗能殺吾又不死抑君有命可若何乃與公謀逐華貙將使田孟諸而遣之公飲之酒厚酬之（酬酒幣）賜及從者司馬亦如之（亦如公賜○〔從〕才用反）張匄尤之（張匄華貙臣尤怪賜之厚）曰必有故使子皮承宜僚以劍而訊之（子皮華貙訊問也）宜僚盡以告（告欲因田以遣之）張匄欲殺多僚子皮曰司馬老矣登之謂甚（言登亡傷司馬心已甚）吾又重之不如亡也五月丙申子皮將見司馬而行則遇多僚御司馬而朝張匄不勝其怒遂與子皮臼任鄭翩殺多僚（任翩亦貙家臣○〔重〕直用反〔見〕音現〔勝〕音升〔任〕音壬）劫司馬以叛而召亡人壬寅華向入樂大心豐愆華牼禦諸

橫 梁國睢陽縣南有橫亭 華氏居盧門以南里叛 盧門宋東城南門 六月庚午宋城舊鄘及桑林之門而守之 舊鄘故城也桑林城門名

秋七月壬午朔日有食之公問於梓慎曰是何物也禍福何爲 物事也 對曰二至二分 二至冬至夏至二分春分秋分 日有食之不爲災日月之行也分同道也至相過也 二分日夜等故言同道二至長短極故相過 其他月則爲災陽不克也故常爲水 陰侵陽是陽不勝陰 於是叔輒哭日食 意在於憂災 昭子曰子叔將死非所哭也八月叔輒卒冬十月華登以吳師救華氏 登前年奔吳 齊烏枝鳴戍宋 烏枝鳴齊大夫 廚人濮曰 濮宋廚邑大夫 軍志有之先人有奪人之心後人有待其衰盍及

其勞且未定也。伐諸，若入而固，則華氏衆矣，悔無及也。從之。丙寅，齊師、宋師敗吳師于鴻口。梁國睢陽縣東有鴻口亭。○[先]悉薦反。[後]戶豆反。獲其二帥公子苦雒、偃州員。二帥，吳大夫。○[雒]古含反。[員]音云，又音圓。華登帥其餘吳餘師。以敗宋師。公欲出，出奔。廚人濮曰：吾小人，可藉死，可借使死難。而不能送亡，君請待之。請君待復戰決勝負。而不能送亡君絕句。○乃徇曰：揚徽者，公徒也。徽，識也。○[識]申志反，又昌志反。衆從之。公自揚門見之，見國人皆揚徽。睢陽正東門名揚門。下而巡之，曰：國亡君死，二三子之恥也，豈專孤之罪也。齊烏枝鳴曰：用少莫如齊致死，齊致死莫如去備。備，長兵也。[去]起呂反。○彼多兵矣，請皆用劍。從之。華氏北，復卽之。（北。敗走。）廚人濮以裳裹首而荷以走曰。得華登矣。遂敗華氏于新里。（新里。華氏所取邑。○〔荷〕何可反。又音何。）翟僂新居于新里。既戰。說甲于公而歸。（居華氏地而助公戰。○〔僂〕力主反。〔說〕他活反。）華妵居于公里。亦如之。（妵。華氏族。故助華氏。亦如僂新。說甲歸。傳言古之爲軍。不皆小忿。○〔妵〕他口反。〔眥〕才斯反。又音紫。）十一月癸未。公子城以晉師至。（城以前年奔晉。今還救宋。）曹翰胡。（曹大夫。○〔翰〕音寒。又戶旦反。）會晉荀吳。（中行穆子。○〔行〕戶郎反。）齊苑何忌。（齊大夫。）衛公子朝。（前年出奔晉。今還衛。）救宋。丙戌。與華氏戰于赭丘。（赭丘。宋地。○〔赭〕音者。）鄭翩願爲鸛。其御願爲鵞。（鄭翩。華氏黨。鸛。鵞。皆陳名。○〔鸛〕古喚反。〔鵞〕五多反。）子祿御公子城。莊堇爲右。（子祿。向宜。○〔堇〕音謹。）干犨御呂封人華豹。張匄爲右。（呂封人。華豹。華氏黨。○(欒)尺由反。相遇城還華豹曰城也城怒而反之怒其呼己反。還戰。將注豹則關矣注傅矢。關引弓。○(注)之樹反。(關)烏環反。(傅)音附。曰平公之靈尚輔相余平公。公子城之父。豹射出其閒出子城子祿之閒。○(射)食亦反。又食夜反。將注則又關矣曰不狎鄙狎更也。(更)音庚。○抽矢豹止不射。城射之殪豹死。張匃抽殳而下殳長丈二在車邊。○(殳)音殊。(長)直亮反。又如字。射之折股扶伏而擊之折軫折城車軫。○(折)之設反。(扶)(伏)竝如字。又上音蒲。下蒲北反。或作匍匐同。又射之死匃死。干犨請一矢求死。城曰余言女於君欲活之。(女)音汝。○對曰不死伍乘軍之大刑也同乘。共伍當皆死。○(乘)繩證反。干刑而從子君焉用之子速諸乃射之殪犨死。又大敗華氏圍諸南里華亥搏膺而呼見華貙曰吾爲欒氏矣晉欒盈還入作亂而死事在襄二十三年○〔摶〕音搏〔呼〕好故反貙曰子無我迋不幸而後亡迋恐也○〔迋〕求枉反使華登如楚乞師華貙以車十五乘徒七十人犯師而出犯公師出送華登食於睢上哭而送之乃復入入南里○〔睢〕音雖楚薳越帥師將逆華氏大宰犯諫曰諸侯唯宋事其君今又爭國釋君而臣是助無乃不可乎王曰而告我也後既許之矣爲明年華向出奔楚傳○〔薳〕于委反蔡侯朱出奔楚費無極取貨於東國東國隱大子之子平侯廬之弟朱叔父也而謂蔡人曰朱不用命於楚君王將立東國若不先從王欲楚必圍蔡蔡人懼出朱而立東國朱愬于楚楚子將討蔡無極曰平侯

與楚有盟故封〔盟于鄧依陳蔡人以國〕其子有二心故廢之〔謂子朱也〕靈王殺隱太子其子與君同惡德君必甚又使立之不亦可乎且廢置在君蔡無他矣〔言權在楚則蔡無他心〕公如晉及河鼓叛晉〔叛晉屬鮮虞〕晉將伐鮮虞故辭公〔將有軍事無暇於待賓且懼泄軍謀〕

經二十有二年春齊侯伐莒宋華亥向寧華定自宋南里出奔楚〔言自南里別從國去○別彼列反〕大蒐于昌閒〔無傳○閒如字〕夏四月乙丑天王崩六月叔鞅如京師葬景王〔叔鞅叔弓子三月而葬亂故速○鞅於丈反〕王室亂〔承叔鞅言而書之未知誰是故但曰亂〕劉子單子以王猛居于皇〔河南鞏縣西南有黃亭辟子朝難出居皇王猛書名未卽位○〕

〔單〕音善。秋，劉子單子以王猛入于王城。王城，郟鄏。今河南縣。晉助猛，故得還王都。冬十月，王子猛卒。未即位，故不言崩。十有二月癸酉朔，日有食之。無傳。此月有庚戌，又以長曆推校前後，當爲癸卯朔，書癸酉，誤。

傳二十二年春王二月甲子，齊北郭啓帥師伐莒。啓，齊大夫北郭佐之後。莒子將戰，苑羊牧之諫，牧之，莒大夫。○〔苑〕於元反。曰：「齊帥賤，其求不多，不如下之。大國不可怒也。」弗聽，敗齊師于壽餘。莒地。○〔下〕遐嫁反。齊侯伐莒，怒敗。莒子行成，司馬竈如莒涖盟，竈，齊大夫。莒子如齊涖盟，盟于稷門之外。稷門，齊城門也。莒於是乎大惡其君。爲明年莒子來奔傳。○〔惡〕烏路反。楚薳越使告于宋曰：「寡君聞君有不令之臣爲君憂，無寧以爲宗羞。無寧。寧也。言華氏為宋宗廟之羞恥。寡君請受而戮之。對曰。孤不佞。不能媚於父兄。華向。公族也。故稱父兄。以為君憂。拜命之辱。抑君臣日戰。君曰余必臣是助。亦唯命。人有言曰。唯亂門之無過。君若惠保敝邑。無亢不衷。以獎亂人。孤之望也。唯君圖之。楚人患之。患宋以義距之。○〔過〕古禾反。〔亢〕苦浪反。〔衷〕音忠。諸侯之戍謀曰。若華氏知困而致死。楚恥無功而疾戰。非吾利也。不如出之。以為楚功。其亦無能為也已。言華氏不能復為宋患。救宋而除其害。又何求。乃固請出之。宋人從之。己巳。宋華亥向寧華定華貙華登皇奄傷省臧士平出奔楚。華貙以下五子不書。非卿。○〔省〕悉井反。又所景反。宋公使公孫忌爲大司馬。代華費遂。邊卬爲大司徒。卬。平公曾孫。代華定。○(卬)五郎反。樂祁爲司城。祁。子罕孫。樂祁犂。仲幾爲左師。幾。仲江孫。代向寧。○(幾)音基。樂大心爲右師。代華亥。樂輓爲大司寇。輓。子罕孫。○(輓)音晚。以靖國人。終梓慎之言。三年而後弭。王子朝賓起有寵於景王。子朝。景王之長庶子。賓起。子朝之傅。○(朝)如字。凡人名字皆張遙反。或云朝錯是王子朝之後。音潮。案錯姓亦有兩音。王與賓孟說之。欲立之。孟卽起也。王語賓孟。欲立子朝爲大子。○(說)如字。又音悅。劉獻公之庶子伯蚠事單穆公。獻公。劉摯。伯蚠。劉狄。穆公。單旗。○(蚠)扶粉反。一扶云反。惡賓孟之爲人也。願殺之。又惡王子朝之言。以爲亂。願去之。子朝有欲立之言。故劉蚠惡之。○(惡)去聲。(去)上聲。賓孟適郊。見雄雞自斷其尾。問之。侍者曰。自憚其犧也。長其爲犧牲奉宗廟故自殘毀○[斷]丁管反遽歸告王且曰雞其憚爲人用乎人異於是犧雞雞見寵飾然卒當見殺若人見寵飾則當貴盛故言異於雞犧者實用人人犧實難己犧何害言設使寵人如犧則不宜假人以招禍難使犧在己則無患害己喩子朝欲使王早寵異之王弗應十五年太子壽卒王立子猛後復欲立子朝而未定賓孟感雞盛稱子朝王心許之故不應○[難]去聲夏四月王田北山使公卿皆從將殺單子劉子北山洛北芒也王知單劉不欲立子朝欲因田獵先殺之○[從]去聲王有心疾乙丑崩于榮錡氏四月十九日河南鞏縣西有榮錡澗○[錡]魚綺反戊辰劉子摯卒二十二日無子單子立劉蚠蚠享單子故五月庚辰見王見王猛○[見]賢遍反遂攻賓起殺之黨子朝故盟羣王子于單氏王子猛次正故單劉立之懼諸王子或黨子朝故盟之晉之取

鼓也。在十五年。既獻而反鼓子焉。獻於廟。又叛於鮮虞。叛晉屬鮮虞。六月。荀吳略東陽。略行也。東陽。晉之山東邑。魏郡廣平以北。○〔行〕下孟反。使師僞糴者負甲以息於昔陽之門外。昔陽。故肥子所都。○〔糴〕音狄。遂襲鼓滅之。以鼓子鳶鞮歸。使涉佗守之。守鼓之地。涉佗。晉大夫。○〔鳶〕悅全反。〔鞮〕丁兮反。〔佗〕徒多反。丁巳。葬景王。王子朝因舊官百工之喪職秩者與靈景之族以作亂。百工。百官也。靈王。景王之子孫。○〔喪〕息浪反。帥郊要餞之甲。三邑。周地。○〔要〕一遙反。〔餞〕賤淺反。以逐劉子。逐伯蚠。壬戌。劉子奔揚。揚。周邑。單子逆悼王于莊宮以歸。悼王。子猛也。王子還夜取王以如莊宮。王子還。子朝黨也。不欲使單子得王猛。故取之。癸亥。單子出。失王。故出奔。王子還與召莊公謀。莊公。召伯奐。子

朝黨也。○[召]上照反。曰不殺單旗不捷旗單子也。與之重盟必來背
盟而克者多矣從之從還謀也。○[背]音佩。樊頃子曰非言也必
不克頃子樊齊。單劉黨。○[頃]音傾。遂奉王以追單子王子還奉王。及領
大盟而復領周地。欲重盟令單子劉子復歸。殺摯荒以說委罪於荒。○[說]如字。
又音悅。劉子如劉歸其采邑。單子亡乙丑奔于平時平時周地。知王
子還欲背盟故亡走。○[時]音止。又音市。羣王子追之單子殺還姑發弱
鬷延定稠八子靈景之族。因戰而殺之。子朝奔京其黨死故。丙寅伐之
單子伐京。京人奔山劉子入于王城子朝奔京故得入。辛未鞏簡
公敗績于京乙亥甘平公亦敗焉甘鞏二公周卿士。皆爲子朝所敗。
叔鞅至自京師葬景王還。言王室之亂也經所以書。閔馬父曰

子朝必不克其所與者天所廢也閔馬父。閔子馬。魯大夫。天所廢。謂羣喪職秩者。單子欲告急於晉秋七月戊寅以王如平時遂如圃車次于皇出次以示急。戊寅。七月三日。經書六月。誤也。劉子如劉單子使王子處守于王城王子處。子猛黨。守王城。距子朝。盟百工于平宮平宮。平王廟。辛卯鄩肹伐皇鄩肹。子朝黨。○(鄩)音尋(肹)許乙反。大敗獲鄩肹壬辰焚諸王城之市焚鄩肹。八月辛酉司徒醜以王師敗績于前城醜。悼王司徒。前城。子朝所得邑。百工叛司徒醜敗故。己巳伐單氏之宮敗焉百工伐單氏。爲單氏所敗。庚午反伐之單氏反伐百工。辛未伐東圉百工所在。洛陽東南有圉鄉。冬十月丁巳晉籍談荀躒帥九州之戎九州戎。陸渾戎。十七年滅屬晉。州鄉屬也。五州爲鄉。○(躒)力狄反。

及焦瑕溫原之師。焦。瑕。溫。原。晉四邑。以納王于王城。丁巳在十月。經書秋。誤。庚申。單子劉盆以王師敗績于郊。爲子朝之黨所敗。前城人敗陸渾于社。前城。子朝衆。社。周地。十一月乙酉。王子猛卒。乙酉在十一月。經書十月。誤。不成喪也。釋所以不稱王崩。己丑。敬王即位。敬王。王子猛母弟王子匄。館于子旅氏。子旅。周大夫。十二月庚戌。晉籍談荀躒賈辛司馬督。司馬烏。帥師軍于陰。籍談所軍。于侯氏。荀躒所軍。于谿泉。賈辛所軍。鞏縣西南有明谿泉。次于社。司馬督所次。王師軍于氾。于解。次于任人。王師分在三邑。洛陽西南有大解小解。○[氾]音凡。[解]音蟹。[任]音壬。閏月。晉箕遺樂徵右行詭濟師取前城。三子。晉大夫。濟師。渡伊洛。○[行]戶郎反。[詭]九委反。軍其東南。王師軍于京

楚辛丑伐京毀其西南京楚子朝所在

春秋經傳集解昭公五第二十四

春秋經傳集解昭公六第二十五

杜氏註　盡二十六年

經。二十有三年。春。王正月。叔孫婼如晉。謝取邾師。〔婼〕勑略反。○癸丑。叔鞅卒。無傳。晉人執我行人叔孫婼。稱行人。譏晉執使人。晉人圍郊。討子朝也。郊。周邑。圍郊在叔鞅卒前。經書後。從赴。夏六月。蔡侯東國卒于楚。無傳。未同盟而赴以名。秋七月。莒子庚輿來奔。戊辰。吳敗頓胡沈蔡陳許之師于雞父。不書楚。楚不戰也。雞父。楚地。安豐縣南有雞備亭。胡子髡沈子逞滅。國雖存。君死曰滅。○〔髡〕苦門反。〔逞〕勑郢反。獲陳夏齧。大夫死生通曰獲。夏齧。徵舒玄孫。○〔齧〕五結反。天王居于狄泉。敬王。辟子朝也。狄泉。今洛陽城內大倉西南池水也。時在城外。○〔大〕音泰。尹氏立王子朝。尹氏。周世卿也。書尹

氏立子朝明非周人所欲立八月乙未地震冬公如晉至河有疾
乃復
傳二十三年春王正月壬寅朔二師圍郊二師王師晉師也王
師不書不以告癸卯郊鄩潰河南鞏縣西南有地名鄩中郊鄩二邑皆子朝所得○[鄩]音尋
丁未晉師在平陰王師在澤邑平陰今河陰縣王使告閒子朝
敗故○[閒]音閑庚戌還晉師還邾人城翼翼邾邑還將自離姑離姑
邾邑從離姑則道徑魯之武城○[徑]音經公孫鉏曰魯將御我鉏邾大夫○[御]魚呂
反欲自武城還循山而南至武城而還依山南行不欲過武城○[過]古禾反
徐鉏丘弱茅地三子邾大夫曰道下遇雨將不出是不歸
也謂此山道下濕遂自離姑遂過武城武城人塞其前以兵塞其前道斷

其後之木而弗殊。邾師過之。乃推而蹷之。遂取邾師。獲鉏弱地。（取邾師不書。非公命。○〔斷〕丁管反。〔蹷〕其月反。又音厥。又居衛反。）邾人愬于晉。晉人來討。叔孫婼如晉。晉人執之。書曰晉人執我行人叔孫婼。言使人也。（嫌內外異。故重發傳。○〔重〕直用反。）晉人使與邾大夫坐。（坐訟曲直。）叔孫曰。列國之卿。當小國之君。固周制也。（在禮。卿得會伯子男。故曰當小國之君。）邾又夷也。（邾雜有東夷之風。）寡君之命介子服回在。（子服回。魯大夫。爲叔孫之介副。）請使當之。不敢廢周制故也。乃不果坐。韓宣子使邾人聚其衆。將以叔孫與之。（與邾使執之。）叔孫聞之。去衆與兵而朝。（示欲以身死。○〔去〕起呂反。）士彌牟謂韓宣子（彌牟。士景伯。）曰。子弗良圖。而以叔孫與其讎叔孫必死之魯亡叔孫必亡邾邾君亡國將焉歸 時邾君在晉若亡國無所歸將益晉憂 子雖悔之何及所謂盟主討違命也若皆相執焉用盟主 聽邾衆取叔孫是爲諸侯皆得輒相執 乃弗與使各居一館 分別叔孫子服回 士伯聽其辭而愬諸宣子乃皆執之 二子辭不屈故士伯愬而執之 士伯御叔孫從者四人過邾館以如吏 欲使邾人見叔孫之屈辱 先歸邾子士伯曰以芻蕘之難從者之病將館子於都 都別都謂箕也 叔孫旦而立期焉 立待命也從旦至旦爲期○[期]居其反 乃館諸箕舍子服昭伯於他邑 別囚之 范獻子求貨於叔孫使請冠焉 以求冠爲辭 取其冠法而與之兩冠曰盡矣 既送作冠模法又進二冠以與之爲若不

解其意。爲叔孫故申豐以貨如晉。欲行貨以免叔孫。叔孫曰見我吾告女所行貨見而不出。留申豐不使得出。不欲以貨免。○[女]音汝。吏人之與叔孫居於箕者請其吠狗弗與及將歸殺而與之食之。示不愛。叔孫所館者雖一日必葺其牆屋。葺補治也。去之如始至。不以當去而有所毀壞。

夏四月乙酉單子取訾劉子取牆人直人。三邑屬子朝者。訾在河南鞏縣西南。○[訾]子斯反。

六月壬午王子朝入于尹。自京入尹氏之邑。

癸未尹圉誘劉佗殺之。尹圉尹文公也。劉佗劉蚠族。敬王黨。

丙戌單子從阪道劉子從尹道伐尹單子先至而敗劉子還。單子敗故。

己丑召伯奐南宮極以成周人戍尹。二子周卿士。子朝黨。奐召莊公。

庚寅單子劉子樊齊

以王如劉。辟子朝。出居劉。子邑。甲午。王子朝入于王城。次于左巷。逆東城。秋七月戊申。鄩羅納諸莊宮。鄩羅。周大夫。鄩肸之子。尹辛敗劉師于唐。尹辛。尹氏族。唐。周地。丙辰。又敗諸鄩。甲子。尹辛取西闈。西闈。周地。丙寅。攻蒯。蒯潰。河南縣西南蒯鄉是也。於是敬王居狄泉。尹氏居立子朝。○〔蒯〕苦怪反。莒子庚輿虐而好劍。苟鑄劍。必試諸人。國人患之。又將叛齊。烏存帥國人以逐之。烏存。莒大夫。庚輿將出。聞烏存執殳而立於道左。懼將止死。殳長丈二而無刃。○〔殳〕音殊。苑羊牧之曰。君過之。牧之。亦莒大夫。烏存以力聞可矣。何必以弑君成名。遂來奔。齊人納郊公。郊公。著丘公之子。十四年奔齊。○〔著〕直除反。又直慮反。吳人伐州來。楚薳越帥師。令尹以疾從戎。故薳越攝其事。〔薳〕于委反。○及諸侯之師奔命救州來。吳人禦諸鍾離。子瑕卒。楚師熸。子瑕卽令尹。不起所疾也。吳楚之閒謂火滅爲熸。軍之重主喪亡。故其軍人無復氣勢。○〔熸〕子潛反。吳公子光曰。諸侯從於楚者衆。而皆小國也。畏楚而不獲已。是以來。吾聞之曰。作事威克其愛。雖小必濟。克勝也。軍事尚威。胡沈之君幼而狂。狂無常。陳大夫齧壯而頑。頓與許蔡疾楚政。楚令尹死。其師熸。帥賤多寵。政令不壹。帥賤。薳越非正卿也。軍多寵人。政令不壹於越。○〔帥〕所類反。下同。七國同役而不同心。七國。楚。頓。胡。沈。蔡。陳。許。帥賤而不能整。無大威命。楚可敗也。若分師先以犯胡沈與陳。必先奔。三國敗。諸侯之師乃搖心矣。諸侯乖亂。楚必大奔。

請先者去備薄威示之以不整以誘之○〔去〕起呂反後者敦陳整旅敦厚也○〔陳〕直覲反吳子從之戊辰晦戰于雞父七月二十九日違兵忌晦戰擊楚所不意吳子以罪人三千先犯胡沈與陳因徒不習戰以示不整三國爭之吳爲三軍以繫於後中軍從王從吳王光帥右掩餘帥左掩餘吳王壽夢子吳之罪人或奔或止三國亂吳師擊之三國敗獲胡沈之君及陳大夫舍胡沈之囚使奔許與蔡頓曰吾君死矣師譟而從之三國奔三國許蔡頓○〔譟〕素報反楚師大奔書曰胡子髡沈子逞滅獲陳夏齧君臣之辭也國君社稷之主與宗廟共其存亡者故稱滅大夫輕故曰獲獲得也不言戰楚未陳也嫌與陳例相涉故重發之八月丁酉南宮極

震。經書乙未地動，魯地也。丁酉南宮極震，周地亦震也。爲屋所壓而死。萇弘謂劉文公曰：君其勉之。先君之力可濟也。文公，劉蚠也。先君謂蚠之父獻公也。獻公亦欲立子猛，未反而卒。周之亡也，其三川震。謂幽王時也。三川，涇、渭、洛水也。地動，川岸崩。今西王之大臣亦震，天弃之矣。子朝在王城，故謂西王。東王必大克。敬王居狄泉，在王城之東，故曰東王。楚大子建之母在郹。郹，郹陽也。平王娶秦女，廢大子建，故母歸其家。○〔郹〕古闃反。召吳人而啓之。冬十月甲申，吳大子諸樊入郹。諸樊，吳王僚之大子。取楚夫人與其寶器以歸。楚司馬薳越追之，不及。將死，衆曰：請遂伐吳以徼之。徼，要其勝負。○〔徼〕古堯反。薳越曰：再敗君師，死且有罪。此年秋敗於雞父，設往復敗，爲再敗。亡君夫人，不可以莫之死也。乃縊於薳澨。薳澨。楚地。○〔澨〕音翳。公爲叔孫故如晉。及河。有疾而復。此年春。晉爲鄅人執叔孫故。公如晉謝之。○〔爲〕去聲。楚囊瓦爲令尹。囊瓦。子囊之孫子常也。代陽匄。城郢。楚用子囊遺言。已築郢城矣。今畏吳。復增脩以自固。○〔郢〕以井反。沈尹戌曰。子常必亡郢。苟不能衞城。無益也。古者天子守在四夷。德及遠。○〔守〕除下守其。皆去聲。天子卑。守在諸侯。政卑損。諸侯守在四鄰。鄰國爲之守。諸侯卑。守在四竟。裁自完。愼其四竟。結其四援。結四鄰之國爲援助。民狎其野。狎。安習也。三務成功。春夏秋三時之務。民無內憂。而又無外懼。國焉用城。今吳是懼而城於郢。守已小矣。卑之不獲。能無亡乎。不獲守四竟。昔梁伯溝其公宮而民潰。在僖十八年。民弃其上。不亡何待。夫正其疆場。脩其土田。險其走集。走集，邊竟之壘壁。親其民人。明其伍候。使民有部伍，相爲候望。信其鄰國。愼其官守。守其交禮。交接之禮。不僭不貪。不懦不耆。懦，弱也。耆，强也。○懦，乃亂反，又乃臥反。耆，巨支反，一直支反。完其守備。以待不虞。又何畏矣。詩曰。無念爾祖。聿脩厥德。詩大雅。無念，念也。聿，述也。義取念祖考，則述治其德以顯之。無亦監乎若敖蚡冒至于武文。四君，皆楚先君之賢者。○蚡，扶粉反。土不過同。方百里爲一同，言未滿一圻。愼其四竟。猶不城郢。今土數圻。方千里爲圻。而郢是城。不亦難乎。言守若是，難以爲安也。爲定四年吳入楚傳。

經。二十四年。春。王二月。丙戌。仲孫貜卒。無傳。孟僖子也。○貜，俱縛反。婼至自晉。喜得赦歸，故書至。夏。五月。乙未朔。日有食之。秋。

八月。大雩。丁酉。杞伯郁釐卒。無傳。未同盟而赴以名。丁酉。九月五日。有日無月。○〔釐〕力之反。又音來。冬。吳滅巢。楚邑也。書滅。用大師。葬杞平公。無傳。

傳。二十四年。春。王正月。辛丑。召簡公。南宮嚚。以甘桓公見王子朝。簡公。召莊公之子。召伯盈也。嚚。南宮極之子。桓公。甘平公之子。劉子謂萇弘曰。甘氏又往矣。對曰。何害。同德度義。度。謀也。言唯同心同德則能謀義。子朝不能。於我無害。○〔度〕待洛反。大誓曰。紂有億兆夷人。亦有離德。言紂衆億兆。兼有四夷。不能同德。終敗亡。余有亂臣十人。同心同德。武王言我有治臣十人。雖少。同心也。今大誓無此語。此周所以興也。君其務德。無患無人。戊午。王子朝入于鄔。緱氏西南有鄔聚。言子朝稍强。○〔鄔〕烏戶反。〔緱〕古侯反。〔聚〕才住反。晉士彌牟逆叔孫于箕。將禮而歸之。叔孫使梁其踁待于門內。踁，叔孫家臣。○[踁]戶定反。曰余左顧而欬乃殺之。疑士伯來殺己，故謀殺之。○[欬]苦代反。右顧而笑乃止。叔孫見士伯。士伯曰。寡君以爲盟主之故。是以久子。久執子以謝邾。不腆敝邑之禮。將致諸從者。使彌牟逆吾子。叔孫受禮而歸。二月。婼至自晉。尊晉也。貶婼族，所以尊晉。婼，行人，故不言罪己。三月庚戌。晉侯使士景伯涖問周故。涖，臨也。就問子朝、敬王，知誰曲直。士伯立于乾祭而問於介衆。乾祭，王城北門。介，大也。○[乾]音干。[祭]側界反。晉人乃辭王子朝。不納其使。衆言子朝曲故。夏五月乙未朔。日有食之。梓慎曰。將水。陰勝陽，故曰將水。昭子曰。旱也。日過分而陽猶不克。克必甚。能無旱乎。過春分，陽氣盛時，而不勝陰，陰陽將猥出，故爲旱。○〔猥〕烏罪反。陽不克莫將積聚也陽氣莫然不動。乃將積聚。○陽不克莫。絕句。六月壬申王子朝之師攻瑕及杏皆潰瑕。杏。敬王邑。鄭伯如晉子大叔相見范獻子獻子曰若王室何對曰老夫其國家不能恤敢及王室抑人亦有言曰嫠不恤其緯嫠寡婦也。織者常苦緯少。寡婦所宜憂。而憂宗周之隕爲將及焉恐禍及己。今王室實蠢蠢焉蠢〔蠢蠢〕動擾貌。○〔蠢蠢〕昌允反。吾小國懼矣然大國之憂也吾儕何知焉吾子其早圖之詩曰缾之罄矣惟罍之恥詩小雅。罍大器。缾小器。常稟於罍者。而所受罄盡。則罍爲無餘。故恥之。王室之不寧晉之恥也獻子懼而與宣子圖之宣子。韓起。乃徵會於諸侯期以明年爲明年會黃父傳。秋八月大雩

旱也。終如叔孫之言。冬十月癸酉王子朝用成周之寶珪于
河。禱河求福。甲戌津人得諸河上。珪自出水。陰不佞以溫人南
侵。不佞敬王大夫。晉以溫人助敬王南侵子朝。拘得玉者取其玉將賣之
則爲石。王定而獻之。不佞獻玉。與之東訾。喜得玉故與之邑。鞏縣西南訾
城是也。○[訾]子斯反。楚子爲舟師以略吳疆。略行也。行吳界將侵之。沈尹
戌曰此行也楚必亡邑。不撫民而勞之。吳不動而速
之。速召也。吳踵楚。躡楚踵跡。而疆埸無備。邑能無亡乎。越大
夫胥犴勞王於豫章之汭。汭水曲。○[犴]音岸。[勞]力報反。越公子倉
歸王乘舟。歸遺也。○[歸]如字。又其媿反。[乘]繩證反。又如字。倉及壽夢帥師從
王。壽夢越大夫。○[夢]莫公反。王及圉陽而還。圉陽楚地。吳人踵楚而邊

人不備遂滅巢及鍾離而還〔鍾離不書告敗略〕沈尹戌曰亡郢之始於此在矣王壹動而亡二姓之帥〔二姓之帥守巢鍾離大夫〕幾如是而不及郢詩曰誰生厲階至今爲梗〔詩大雅厲惡階道梗病也○〔幾〕居豈反又音機〕其王之謂乎〔爲定四年吳入郢傳〕

經二十有五年春叔孫婼如宋夏叔詣會晉趙鞅宋樂大心衞北宮喜鄭游吉曹人邾人滕人薛人小邾人于黃父有鸜鵒來巢〔此鳥穴居不在魯界故曰來巢非常故書○〔鸜〕其俱反〔鵒〕音欲〕秋七月上辛大雩季辛又雩〔季辛下旬之辛也言又重上事○〔重〕直龍反又直用反〕九月己亥公孫于齊次于陽州〔諱奔故曰孫若自孫讓而去位者陽州齊魯竟上邑未敢直前故次于竟○〔孫〕音遜〕齊侯唁公于野井〔濟南祝阿〕

縣東有野井亭。齊侯來唁公，公不敢遠勞，故逆之，往至野井。○〔唁〕音彥。冬十月戊辰，叔孫婼卒。公不與小斂，而書日者，公在外，非無恩。○〔與〕音預。十有一月己亥，宋公佐卒于曲棘。陳留外黃縣城中有曲棘里。宋地。未同盟而赴以名。十有二月，齊侯取鄆。取鄆以居公也。○〔鄆〕音運。

傳二十五年春，叔孫婼聘于宋，桐門右師見之。右師，樂大心，居桐門。語卑宋大夫而賤司城氏。司城，樂氏之大宗也。卑賤，謂其才德薄。昭子告其人曰：右師其亡乎！君子貴其身而後能及人，是以有禮。唯禮可以貴身，貴身故尚禮。今夫子卑其大夫而賤其宗，是賤其身也。賤人，人亦賤己。能有禮乎？無禮必亡。為定十年樂大心出奔傳。宋公享昭子，賦新宮。逸詩。昭子賦車轄。詩小雅。周人思

（得賢女以配君子。昭子將爲季孫迎宋公女。故賦之。）明日宴。飲酒樂。宋公使昭子右坐。（坐宋公右以相近。言改禮坐。○〔樂〕除樂姓外。皆音洛。）語相泣也。樂祁佐。（助宴禮。）退而告人曰。今茲君與叔孫其皆死乎。吾聞之。哀樂（可樂而哀。）而樂哀。（可哀而樂。）皆喪心也。心之精爽是謂魂魄。魂魄去之。何以能久。（爲此冬叔孫宋公卒傳。○〔喪〕息浪反。）季公若之姊爲小邾夫人。（平子庶姑。與公若同母。故曰公若姊。）生宋元夫人。（宋元夫人。）生子以妻季平子。（平子之外姊。）昭子如宋聘。且逆之。（平子人臣。）公若從。（從昭子。○〔從〕去聲。又如字。）謂曹氏勿與。魯將逐之。（曹氏。宋元夫人。）曹氏告公。公告樂祁。樂祁曰。與之。如是。魯君必出。政在季氏三世矣。（文子。武子。平子。）魯君喪政四公矣。

（宣成襄昭）無民而能逞其志者未之有也國君是以鎮撫其民詩曰人之云亡心之憂矣（詩大雅言無人則憂患至）魯君失民矣焉得逞其志靖以待命猶可動必憂（爲下公孫傳）

夏會于黃父謀王室也（王室有子朝亂謀定之）趙簡子令諸侯之大夫（簡子趙鞅）輸王粟具戍人曰明年將納王（納王於王城）

子大叔見趙簡子簡子問揖讓周旋之禮焉對曰是儀也非禮也簡子曰敢問何謂禮對曰吉也聞諸先大夫子產曰夫禮天之經也（經者道之常）地之義也（義者利之宜）民之行也（行者人所履○行下孟反）天地之經而民實則之則天之明（日月星辰天之明也）因地之性（高下剛柔地之性也）生其六氣（謂陰陽風

雨晦明用其五行。金木水火土氣爲五味。酸鹹辛苦甘發爲五色。

青黃赤白黑發見也章爲五聲。宮商角徵羽淫則昏亂民失其性。滋味

聲色過則傷性是故爲禮以奉之。制禮以奉其性爲六畜馬牛羊雞犬豕○〔畜〕

許又反又音蓄五牲。麋鹿麏狼兔三犧。祭天地宗廟三者謂之犧以奉五味。爲

九文。謂山龍華蟲藻火粉米黼黻也華若草華藻水草火畫火粉米若白米黼若斧黻若兩已相戾

傳曰火龍黼黻昭其文也六采。畫繢之事雜用天地四方之色青與白赤與黑玄與黃皆相次謂之

六色。○〔繢〕戶對反五章以奉五色。青與赤謂之文赤與白謂之章白與黑謂之黼黑與

青謂之黻五色備謂之繡集此五章以奉成五色之用爲九歌八風七音六律。

以奉五聲。解見二十年爲君臣上下以則地義。君臣有尊卑法地有

高下爲夫婦外內以經二物。夫治外婦治內各治其物爲父子兄弟。

姑姊甥舅昏媾姻亞以象天明六親和睦以事嚴父若衆星之共辰極也

妻父曰昏重昏曰媾壻父曰姻兩壻相謂曰亞為政事庸力行務以從四時在君為政在臣為事民功曰庸治功曰力行其德教務其時要禮之本也為刑罰威獄使民畏忌以類其震曜殺戮雷震電曜天之威也聖人作刑戮以象類之為溫慈惠和以效天之生殖長育民有好惡喜怒哀樂生于六氣此六者皆稟陰陽風雨晦明之氣○〔長〕上聲〔好〕〔惡〕並去聲是故審則宜類以制六志為禮以制好惡喜怒哀樂六志使不過節哀有哭泣樂有歌舞喜有施舍怒有戰鬭喜生於好怒生於惡是故審行信令禍福賞罰以制死生生好物也死惡物也好物樂也惡物哀也哀樂不失乃能協于天地之性是

以長久協和也甯子曰甚哉禮之大也對曰禮上下之
紀天地之經緯也經緯錯居以相成者民之所以生也是以先
王尚之故人之能自曲直以赴禮者謂之成人大不
亦宜乎曲直以弼其性甯子曰鞅也請終身守此言也鞅能守此
言故終免於晉陽之難宋樂大心曰我不輸粟我於周爲客二王
後爲賓客若之何使客晉士伯曰自踐土以來踐土在僖二十八年
宋何役之不會而何盟之不同曰同恤王室子焉得
辟之子奉君命以會大事而宋背盟無乃不可乎右
師不敢對受牒而退右師樂大心士伯告甯子曰宋右師
必亡奉君命以使而欲背盟以干盟主無不祥大焉

言不善無大此者。為定十年。宋樂大心出奔傳。○〔使〕所吏反。有鸜鵒來巢書所無也。師己曰異哉吾聞文成之世童謠有之師己魯大夫。○〔己〕音紀。一音祀。曰鸜之鵒之公出辱之言鸜鵒來則公出辱也。鸜鵒之羽公在外野往饋之馬饋遺也。鸜鵒跦跦公在乾侯跦跦跳行貌。○〔跦〕張于反。又張留反。〔跳〕直彫反。徵褰與襦褰袴。鸜鵒之巢遠哉遙遙裯父喪勞宋父以驕裯父昭公。死外。故喪勞。宋父定公。代立。故以驕。○〔裯〕直留反。〔喪〕息浪反。鸜鵒鸜鵒往歌來哭昭公生出歌。死還哭。童謠有是今鸜鵒來巢其將及乎將及禍也。秋書再雩旱甚也初季公鳥娶妻於齊鮑文子生申公鳥。季公亥之兄。平子庶叔父。公鳥死季公亥與公思展與公鳥之臣申夜姑相其室公亥即公若也。展。季

（氏族。相治也。○〔夜〕本作射。又音亦。〔相〕息亮反。）及季姒與饔人檀通。（季姒。公鳥妻。鮑文子女。饔人食官。）而懼。乃使其妾抶己。以示秦遄之妻。（秦遄。魯大夫。妻。公鳥妹秦姬也。○〔抶〕勑乙反。〔遄〕音船。）曰。公若欲使余。余不可而抶余。又訴於公甫。（公甫。平子弟。）曰。展與夜姑將要余。（要。劫我以非禮。○〔要〕平聲。）秦姬以告公之。（公之。亦平子弟。）公之與公甫告平子。平子拘展於卞。而執夜姑。將殺之。公若泣而哀之。曰。殺是是殺余也。將爲之請。平子使豎勿內。日中不得請。有司逆命。（執夜姑之有司。欲迎受殺生之命。○〔爲〕去聲。）公之使速殺之。故公若怨平子。季郈之雞鬭。（季平子。郈昭伯。二家相近。故雞鬭。○〔郈〕音后。）季氏介其雞。（擣芥子播其羽也。或曰以膠沙播之。爲介雞。）郈氏爲之金距。平子怒。(怒其不下己。)益宮於郈氏。(侵郈氏室以自益。)且讓之。(讓,責也。)故郈昭伯亦怨平子。臧昭伯之從弟會(昭伯,臧爲子。○[從]去聲。後從者皆同。)爲讒於臧氏而逃於季氏。臧氏執旃。平子怒。拘臧氏老。將禘於襄公。萬者二人。其衆萬於季氏。(禘,祭也。萬,舞也。於禮,公當三十六人。)臧孫曰。此之謂不能庸先君之廟。(不能用禮也。蓋襄公別立廟。)大夫遂怨平子。公若獻弓於公爲。(公爲,昭公子務人。)且與之出射於外。而謀去季氏。公爲告公果公賁。(果、賁皆公爲弟。○[去]上聲。[賁]音奔。又音焚。)公果公賁使侍人僚柤告公。公寢。將以戈擊之。乃走。公曰。執之。亦無命也。(獨言執之,無勅命。○[柤]側加反。)懼而不出。數月不見。公不怒。又使言。公執戈以懼之。

乃走又使言公曰非小人之所及也謂僚柤爲小人公果自言公以告臧孫臧孫以難言難逐告郈孫郈孫以可勸告子家懿伯子家羈莊公之玄孫○勸勸公逐季氏懿伯曰讒人以君徼幸事若不克君受其名受惡名不可爲也舍民數世以求克事不可必也且政在焉其難圖也公退之退使去○〔舍〕音捨辭曰臣與聞命矣言若洩臣不獲死乃館於公恐受洩命之罪故留公宮以自明○〔與〕音預叔孫昭子如闞闞魯邑公居於長府官府名九月戊戌伐季氏殺公之于門遂入之平子登臺而請曰君不察臣之罪使有司討臣以干戈臣請待於沂上以察罪弗許魯城南自有沂水平子欲出城待罪也大

沂水出蓋縣南至下邳入泗。請因于費，弗許；請以五乘亡，弗許。子家子曰：「君其許之！政自之出久矣，隱民多取食焉，隱約窮困。爲之徒者衆矣。日入慝作，弗可知也。慝，姦惡也。日冥，姦人將起，叛君助季氏，不可知。○［冥］亡定反。衆怒不可蓄也，季氏衆。蓄而弗治，將蘊。蘊，積也。蘊蓄，民將生心。生心，同求將合。與季氏同求叛君者。君必悔之。」弗聽。郈孫曰：「必殺之。」公使郈孫逆孟懿子。懿子，仲孫何忌。叔孫氏之司馬鬷戾言於其衆曰：「若之何？」莫對。衆疑所助。又曰：「我家臣也，不敢知國。凡有季氏與無，於我孰利？」皆曰：「無季氏，是無叔孫氏也。」鬷戾曰：「然則救諸！」帥徒以往，陷西北隅以入。陷公圍也。公徒釋甲執冰而踞，

言無戰心也冰櫝丸蓋或云櫝丸是箭筩其蓋可以取飲遂逐之逐公徒孟氏使登

西北隅以望季氏見叔孫氏之旌以告孟氏執郈昭

伯殺之于南門之西遂伐公徒子家子曰諸臣僞劫

君者而負罪以出君止使若非君本意者君自可止不出意如之事

君也不敢不改意如季平子名公曰余不忍也與臧孫如墓

謀辭先君且謀所奔遂行己亥公孫于齊次于陽州齊侯將

唁公于平陰公先至于野井齊侯曰寡人之罪也使

有司待于平陰爲近故也齊侯自咎本不勑有司遠詣陽州而欲近會于平陰故令魯侯過共先至野井遠見迎逆自咎以謝公書曰公孫于齊次于陽州

齊侯唁公于野井禮也將求於人則先下之禮之善

物也。往物事也。謂先至野井。齊侯曰。自莒疆以西。請致千社。二十五家為社。千社二萬五千家。欲以給公。以待君命。待君伐季氏之命。寡人將帥敝賦以從執事。唯命是聽。君之憂寡人之憂也。公喜。子家子曰。天祿不再。天若胙君。不過周公。以魯足矣。失魯而以千社為臣。誰與之立。為齊臣。且齊君無信。不如早之晉。弗從。臧昭伯率從者將盟。載書曰。勠力壹心。好惡同之。信罪之有無。信明也。處者有罪。從者無罪。繾綣從公。無通外內。繾綣。不離散。〔繾〕音遣。〔綣〕音犬。○以公命示子家子。子家子曰。如此。吾不可以盟。羈也不佞。不能與二三子同心。而以為皆有罪。從者陷君。留者逐君。皆有罪也。或欲通外內。且欲去君。（去君。爲負罪出奔。不必繾綣從公。）二三子好亡而惡定焉可同也陷君於難罪孰大焉通外內而去君君將速入弗通何爲而何守焉乃不與盟（何必守公。○(好)(惡)(難)並去聲。(與)音預。）昭子自闞歸見平子平子稽顙曰子若我何昭子曰人誰不死子以逐君成名子孫不忘不亦傷乎將若子何平子曰苟使意如得改事君所謂生死而肉骨也昭子從公于齊與公言子家子命適公館者執之（恐從者知叔孫謀）公與昭子言於幄內曰將安衆而納公（昭子請歸安衆。）公徒將殺昭子伏諸道（伏兵。）左師展告公公使昭子自鑄歸（辟伏兵。）平子有異志（不欲復納公。）冬十月辛酉昭子齊於其寢。使祝宗祈死。戊辰。卒。恥為平子所欺。因祈而自殺。○〔齊〕側皆反。左師展將以公乘馬而歸。公徒執之。展。魯大夫。欲與公俱輕歸。○〔輕〕去聲。壬申。尹文公涉于鞏。焚東訾。弗克。文公。子朝黨。於鞏縣涉洛水也。東訾。敬王邑。○〔訾〕音資。十一月。宋元公將為公故如晉。請納公。夢大子欒即位於廟。己與平公服而相之。平公。元公父。○〔相〕去聲。能相同。旦召六卿。公曰。寡人不佞。不能事父兄。父兄謂華向。以為二三子憂。寡人之罪也。若以羣子之靈。獲保首領以歿。唯是楄柎所以藉幹者。楄柎。棺中笭牀也。幹。骸骨也。○〔楄〕音駢。〔柎〕音部。又音附。〔藉〕在夜反。〔笭〕音靈。請無及先君。欲自貶損。仲幾對曰。君若以社稷之故。私降昵宴。羣臣弗敢知。昵。近也。降昵宴。謂損親近聲樂飲食之事。若夫宋國之法死生之度先君有命矣羣臣以死守之弗敢失隊臣之失職常刑不赦臣不忍其死君命祇辱言君命必不行祇適也○[隊]音墜[祇]音支宋公遂行己亥卒于曲棘爲明年梁丘據語起本十二月庚辰齊侯圍鄆欲取以居公不書圍鄆人自服不成圍

初臧昭伯如晉臧會竊其寶龜僂句僂句龜所出地名○[僂]音旅又音屢[句]居具反以卜爲信與僭僭吉僭不信也臧氏老將如晉問問昭伯起居會請往代家老行昭伯問家故盡對故事也及內子與母弟叔孫則不對內子昭伯妻不對若有他故再三問不對歸及郊會逆問又如初又不對至次於外而察之皆無之執而戮之逸奔郈郈魴假使爲賈正焉郈在東平無鹽縣東南魴

假郈邑大夫賈正掌貨物使有常價若市吏○(鮒)音房(賈)音嫁計於季氏送計簿於季氏臧氏使五人以戈楯伏諸桐汝之閭桐汝里名○(楯)食準反又音允會出逐之反奔執諸季氏中門之外平子怒曰何故以兵入吾門拘臧氏老季臧有惡相怨惡及昭伯從公平子立臧會立以為臧氏後會曰僂句不余欺也傳言卜筮之驗善惡由人

楚子使薳射城州屈復茄人焉還復茄人於州屈○(屈)居勿反一其勿反(茄)音加城丘皇遷訾人焉移訾人於丘皇使熊相禖郭巢季然郭卷使二大夫為巢卷築郭也卷城在南陽葉縣南○(禖)音梅(卷)音權又音捲子大叔聞之曰楚王將死矣使民不安其土民必憂憂將及王弗能久矣為明年楚子居卒傳

經二十有六年春王正月葬宋元公三月而葬速三月公
至自齊居于鄆夏公圍成成孟氏邑不書齊師帥賤衆少重在公秋公
會齊侯莒子邾子杞伯盟于鄟陵鄟陵地闕○〔鄟〕音專又市轉反一徒
丸反公至自會居于鄆無傳九月庚申楚子居卒未同盟而赴以
名冬十月天王入于成周傳言王入在子朝奔後經在前者子朝來告晚尹
氏召伯毛伯以王子朝奔楚召伯當言召氏經誤也尹召族奔非一人故言
氏書奔在王入下者王入乃告諸侯
傳二十六年春王正月庚申齊侯取鄆前年已取鄆至是乃發傳
者爲公處鄆起葬宋元公如先君禮也善宋人違命以合禮三月公至
自齊處于鄆言魯地也入魯竟故書至猶在外故書地夏齊侯將納

公命無受魯貨申豐從女賈豐賈二人皆季氏家臣○[女]音汝以幣錦二兩二丈爲一端二端爲一兩所謂匹也二兩二匹縛一如瑱瑱充耳縛卷也急卷使如充耳易懷藏○[縛]直轉反[瑱]它殿反適齊師謂子猶之人高齮齮子猶家臣子猶梁丘據○[齮]魚綺反能貨子猶爲高氏後粟五千庾言若能爲我行貨於子猶子猶當爲請使得爲高氏後又當致粟五千庾庾十六斗凡八千斛○能[爲]于僞反下當爲爲魯同高齮以錦示子猶子猶欲之齮曰魯人買之百兩一布以道之不通先入幣財言魯人買此甚多布陳之以百兩爲數子猶受之言於齊侯曰羣臣不盡力于魯君者非不能事君也欲行其說故先示欲盡力納魯君然據有異焉異猶怪也宋元公爲魯君如晉卒於曲棘叔孫昭子求納其君無疾而

死不知天之弃魯耶抑魯君有罪於鬼神故及此也君若待于曲棘使羣臣從魯君以卜焉(卜知可伐否)若可師有濟也君而繼之茲無敵矣若其無成君無辱焉齊侯從之使公子鉏帥師從公(鉏齊大夫)成大夫公孫朝謂平子曰有都以衛國也請我受師許之(以成邑禦齊師)請納質(恐見疑○質音致)弗許曰信女足矣告於齊師曰孟氏魯之敝室也(敝壞也○女音汝)用成已甚弗能忍也請息肩于齊(公孫朝詐齊師言欲降使來取成○降戶江反)齊師圍成成人伐齊師之飲馬于淄者曰將以厭衆(以厭衆心不欲使知已降也淄水出泰山梁父縣西北入汶○飲於鴆反淄側其反厭於冉反又於葉反)魯成備而後告曰不勝

衆。告齊言衆不欲降。已不能勝。○〔勝〕音升。又始證反。師及齊師戰于炊鼻。季氏師距公。非公命。則不書。炊鼻。魯地。齊子淵捷從洩聲子。聲子。魯大夫。○〔洩〕息列反。射之中楯瓦。瓦。楯脊。○〔射〕食亦反。〔楯〕常允反。又音允。繇朐汰輈七入者三寸。入楯瓦也。朐車軛。輈車轅。繇過也。汰矢激。七矢鏃也。○〔繇〕音由。〔朐〕其俱反。〔汰〕他達反。〔輈〕陟留反。〔軛〕於革反。〔鏃〕子木反。或七木反。聲子射其馬斬鞅殪。殪。死也。○〔鞅〕於丈反。〔殪〕於計反。改駕人以爲鬷戾也而助之。人。魯人也。鬷戾。叔孫氏司馬。子車曰齊人也。子車。即子淵捷。將擊子車。子車射之殪。其御曰又之。又欲使射餘人。子車曰衆可懼也而不可怒也。子囊帶從野洩叱之。囊帶。齊大夫。野洩。即聲子。○〔叱〕昌實反。洩曰軍無私怒報乃私也將亢子。欲以公戰禦之。不欲私報其叱。又叱之。子囊復叱之。亦叱之。野洩亦叱也。言齊無戰心，但相叱。冉豎射陳武子中手，冉豎，季氏臣。失弓而罵。武子罵。以告平子曰：「有君子白皙鬒鬚眉，甚口。」平子曰：「必子彊也，無乃亢諸？」子彊，武子字。鬒，之忍反。黑也。○對曰：「謂之君子，何敢亢之？」僞言不敢違季氏。林雍羞爲顏鳴右，下，皆魯人。羞爲右，故下車戰。苑何忌取其耳，何忌，齊大夫。不欲殺雍，但截其耳以辱之。○苑，於阮反。顏鳴去之。其右見獲，懼而去之。苑子之御曰：「視下顧。」復欲使苑子擊其足。苑子刜林雍，斷其足，鑋而乘於他車以歸。鑋，一足行。○刜，芳弗反，又父勿反。斷，丁管反。鑋，遣政反。顏鳴三入齊師，呼曰：「林雍乘。」言魯人皆致力於季氏，不以私怨而相弃。○呼，火故反。乘，繩證反。四月，單子如晉告急。五月戊午，劉人敗王城之師于尸氏。劉人，劉蚠之屬。王城，子朝之徒。尸氏在鞏。

縣西南偃師城。戊辰。王城人劉人戰于施谷。劉師敗績。施邑周地。秋。盟于鄟陵。謀納公也。齊侯謀。七月己巳。劉子以王出。師敗懼而出。庚午。次于渠。渠周地。王城人焚劉。燒劉子邑。丙子。王宿于褚氏。洛陽縣南有褚氏亭。○〔褚〕音煑。丁丑。王次于萑谷。庚辰。王入于胥靡。辛巳。王次于滑。萑谷胥靡滑皆周地。胥靡滑本鄭邑。○〔萑〕音丸。晉知躒趙鞅帥師納王。使女寬守闕塞。女寬晉大夫。闕塞洛陽西南伊闕口也。守之備子朝。○〔知〕音智。〔躒〕音歷。〔女〕音汝。〔塞〕素代反。九月。楚平王卒。令尹子常欲立子西。子西平王之長庶。曰。大子壬弱。其母非適也。壬昭王也。○〔適〕音的。下同。王子建實聘之。子西長而好善。立長則順。建善則治。王順國治。可不務乎。子西怒曰。是亂國而

惡君王也。言王子建聘之是章君王之惡。○〔長〕去聲。〔好〕去聲。國有外援不可

瀆也。外援秦也。瀆慢也。王有適嗣不可亂也。敗親速讎。不立壬。秦

將來討。是速讎也。亂嗣不祥。我受其名。受惡名。賂吾以天下吾

滋不從也。滋益也。楚國何爲必殺令尹。令尹懼乃立昭

王。冬十月丙申。王起師于滑。起發也。辛丑在郊。郊子朝邑。遂

次于尸。十一月辛酉。晉師克鞏。知躒趙鞅之師。召伯盈逐王

子朝。伯盈本黨子朝。晉師克鞏。知子朝不成。更逐之而逆敬王。王子朝及召氏之

族毛伯得尹氏固南宮嚚奉周之典籍以奔楚。尹召二族

皆奔。故稱氏。重見尹固名者。爲後還見殺。○〔見〕音現。〔爲〕去聲。且爲同。陰忌奔莒以叛。陰忌

子朝黨。莒周邑。召伯逆王于尸。及劉子單子盟。召伯新還。故盟。遂軍

圉澤次于隄上。圉澤隄上皆周地○〔隄〕音低或音啼 癸酉王入于成周。成周今洛陽 甲戌盟于襄宮。襄王之廟 晉師使成公般戍周而還。般晉大夫○〔般〕音班 十二月癸未王入于莊宮。莊宮在王城 王子朝使告于諸侯曰昔武王克殷成王靖四方康王息民竝建母弟以蕃屏周亦曰吾無專享文武之功。不敢專故建母弟 且爲後人之迷敗傾覆而溺入于難則振救之至于夷王王愆于厥身。夷王厲王父也愆惡疾也○〔覆〕音福〔難〕乃旦反 諸侯莫不竝走其望以祈王身至于厲王王心戾虐萬民弗忍居王于彘。不忍害王也厲王之末周人流王于彘○〔彘〕直例反 諸侯釋位以閒王政。閒猶與也去其位與治王之政事○〔閒〕去聲一如字 宣王有志而後效官。宣王厲王子。彘之亂。宣王尚少。召公虎取而長之。效。授也。至于幽王。天不弔周。王昏不若。用愆厥位。幽王宣王子。若。順也。愆。失也。攜王奸命。諸侯替之。而建王嗣。用遷郟鄏。攜王。幽王少子伯服也。王嗣。宜臼也。幽王后申姜生大子宜臼。王幸褒姒。生伯服。欲立之。而殺大子。大子奔申。申伯與鄫及西戎伐周。戰于戲。幽王死。諸侯廢伯服而立宜臼。是爲平王。東遷郟鄏。○〔攜〕戶圭反。〔奸〕音干。〔鄏〕音辱。〔戲〕音希。則是兄弟之能用力於王室也。至于惠王。天不靖周。生頹禍心。施于叔帶。惠襄辟難。越去王都。惠王。平王六世孫。頹。惠王庶叔也。莊十九年作亂。惠王適鄭。襄王。惠王子。叔帶。襄王弟。僖二十四年。叔帶作難。襄王處氾。○〔施〕音異。〔辟〕音避。〔難〕去聲。〔氾〕音凡。則有晉鄭咸黜不端。黜。去也。晉文殺叔帶。鄭厲殺子頹。爲王室去不端直之人。○〔去〕上聲。以綏定王家。則是兄弟之能率先王之命也。

在定王六年秦人降妖。定王，襄王孫。定王六年，魯宣八年。曰周其有

頿王亦克能脩其職諸侯服享二世共職。二世，謂靈、景。○〔頿〕子斯反。〔共〕音恭。王室其有閒王位諸侯不圖而受其亂災。閒王位，謂子朝也。今子朝以爲王猛。受亂災，謂楚也。今子朝以爲晉。○〔閒〕去聲。下閒先王同。至于靈

王生而有頿。靈王，定王孫。王甚神聖無惡於諸侯靈王景

王克終其世。景王，靈王子。今王室亂單旗劉狄剝亂天下

壹行不若。單旗，穆公也。劉狄，劉蚠也。壹，專也。謂先王何常之有。言先王無常法。

唯余心所命其誰敢討之帥羣不弔之人。弔，至也。○〔弔〕如字。舊丁歷反。以行亂于王室侵欲無厭規求無度貫瀆鬼

神。貫，習也。瀆，易也。○〔厭〕於鹽反。〔貫〕古患反。〔易〕以豉反。慢弃刑法倍奸齊盟傲

很威儀矯誣先王晉爲不道是攝是贊攝持也贊佐也先王謂景王○〔倍〕音佩〔很〕戸懇反思肆其罔極肆放也茲不穀震盪播越竄在荊蠻茲此也此不穀子朝自謂○〔盪〕徒黨反未有攸厎厎至也攸所也若我一二兄弟甥舅獎順天法無助狡猾以從先王之命毋速天罰赦圖不穀赦其憂而圖其難則所願也敢盡布其腹心及先王之經而諸侯實深圖之昔先王之命曰王后無適則擇立長年鈞以德德鈞以卜此所謂先王之經王不立愛公卿無私古之制也穆后及大子壽早夭即世在十五年單劉贊私立少以閒先王閒錯先王之制亦唯伯仲叔季圖之伯仲叔季總謂諸侯閔馬父聞子朝之辭曰文辭

以行禮也。子朝干景之命。遠晉之大。以專其志。無禮甚矣。文辭何爲。傳終王室亂。○遠于萬反。齊有彗星。出齊之分見。不書魯不野。○彗似歲反。齊侯使禳之。祭以禳除之。晏子曰。無益也。祇取誣焉。誣欺也。天道不謟。謟疑也。不貳其命。若之何禳之。且天之有彗也。以除穢也。君無穢德。又何禳焉。若德之穢。禳之何損。詩曰。惟此文王。小心翼翼。昭事上帝。聿懷多福。厥德不回。以受方國。詩大雅。翼翼共也。聿惟也。回違也。言文王德不違天人。故四方之國歸往之。君無違德。方國將至。何患於彗。詩曰。我無所監。夏后及商。用亂之故。民卒流亡。逸詩也。言追監夏商之亡。皆以亂故。若德回亂。民將流亡。祝史之爲。無能補也。公說。

乃止齊侯與晏子坐于路寢公歎曰美哉室其誰有此乎景公自知德不能久有國故歎也○〔說〕音悅晏子曰敢問何謂也公曰吾以爲在德對曰如君之言其陳氏乎陳氏雖無大德而有施於民豆區釜鍾之數其取之公也薄謂以公量收○〔施〕音翅不出者同〔區〕音甌其施之民也厚謂以私量貸○〔施〕如字又音翅公厚斂焉陳氏厚施焉民歸之矣詩曰雖無德與女式歌且舞詩小雅義取雖無大德要有喜說之心欲歌舞之式用也○〔斂〕力驗反〔女〕音汝陳氏之施民歌舞之矣後世若少惰陳氏而不亡則國其國也已公曰善哉是可若何對曰唯禮可以已之在禮家施不及國民不遷農不移工賈不變守常業〔賈〕音古○

士不濫。不失職。官不滔。滔，慢也。○〔滔〕吐刀反。大夫不收公利。不作福。公曰：善哉！我不能矣。吾今而後知禮之可以爲國也。對曰：禮之可以爲國也久矣，與天地竝。有天地則禮義與。君令臣共，父慈子孝，兄愛弟敬，夫和妻柔，姑慈婦聽，禮也。君令而不違，臣共而不貳，父慈而教，子孝而箴，箴，諫也。○〔共〕音恭，下同。兄愛而友，弟敬而順，夫和而義，妻柔而正，姑慈而從，從，不自專。婦聽而婉，婉，順也。禮之善物也。公曰：善哉！寡人今而後聞此禮之上也。對曰：先王所稟於天地以爲其民也，是以先王上之。稟，受也。

春秋經傳集解昭公六第二十五

春秋經傳集解昭公七第二十六

杜氏註　盡三十二年

經二十有七年春公如齊自鄆行。○鄆音運。公至自齊居于鄆。夏四月吳弑其君僚。僚亟戰民罷。又伐楚喪。故光乘間而動。稱國以弑。罪在僚。○罷音皮。楚殺其大夫郤宛。無極。楚之讒人。宛所明知。而信近之以取敗亡。故書名罪宛。○郤去逆反。宛於阮反。又於元反。秋晉士鞅宋樂祁犂衛北宮喜曹人邾人滕人會于扈。冬十月曹伯午卒。無傳。未同盟而赴以名。邾快來奔。無傳。快。邾命卿也。故書。公如齊。自鄆行。公至自齊居于鄆。無傳。

傳二十七年春公如齊。公至自齊。處于鄆。言在外也。

在外邑。故書地。吳子欲因楚喪而伐之。前年楚平王卒。使公子掩餘。
公子燭庸帥師圍潛。二子皆王僚母弟。潛楚邑。在廬江六縣西南。楚使延州
來季子聘于上國。季子本封延陵。後復封州來。故曰延州來。遂聘于晉以
觀諸侯。觀彊弱。楚莠尹然工尹麇帥師救潛。二尹楚官。然麇其名。
○[麇]九倫反。左司馬沈尹戌帥都君子與王馬之屬以濟
師。都君子在都邑之士有復除者。王馬之屬王之養馬官屬校人也。濟益也。○[復]音福。與吳師
遇于窮。令尹子常以舟師及沙汭而還。沙水名。左尹郤
宛工尹壽帥師至于潛。吳師不能退。楚師彊。故吳不得退去。吳
公子光曰。此時也。弗可失也。欲因其師徒在外。國不堪役。以弒王。告鱄
設諸曰。上國有言曰。不索何獲。我王嗣也。吾欲求之。

光。吳王諸樊子也。故曰我王嗣。○〔鱄〕音專。事若克。季子雖至不吾廢也。至謂聘還。鱄設諸曰。王可弒也。母老子弱。是無若我何。猶言我無若是何。欲以老弱託光。光曰。我爾身也。言我身猶爾身。夏四月。光伏甲於堀室而享王。掘地爲室。〔堀〕苦忽反。○王使甲坐於道。及其門。坐道邊。至光門。門階戶席。皆王親也。夾之以鈹。羞者獻體改服於門外。羞進食也。獻體解衣。○〔鈹〕音披。劍也。執羞者坐行而入。坐行膝行。執鈹者夾承之。承執羞者。及體以相授也。鈹及進羞者體。以所食授王。光僞足疾。入于堀室。恐難作。王黨殺己。素辟之。鱄設諸寘劍於魚中以進。全魚炙。抽劍刺王。鈹交於胷。交鱄諸胷。遂弒王闔廬。以其子爲卿。闔廬光也。以鱄諸子爲卿。季子至。曰。苟先君無廢祀。

民人無廢主社稷有奉國家無傾乃吾君也吾誰敢怨哀死事生以待天命非我生亂立者從之先人之道也吳自諸樊以下兄弟相傳而不立適是亂由先人起也季子自知力不能討光故云爾復命哭墓復使命於僚墓復位而待復本位待光命吳公子掩餘奔徐公子燭庸奔鍾吾鍾吾小國楚師聞吳亂而還言聞吳亂明郤宛不取賂而還郤宛直而和國人說之以直事君以和接類鄢將師為右領右領官名○〔鄢〕於晚反又烏戶反與費無極比而惡之惡郤宛○〔費〕扶味反〔比〕毗志反〔惡〕烏路反令尹子常賄而信讒無極譖郤宛焉謂子常曰子惡欲飲子酒子惡郤宛○〔飲〕於鴆反○又謂子惡令尹欲飲酒於子氏子惡曰我賤人也不足以辱令尹令尹

將必來辱。爲惠已甚。吾無以酬之。若何。酬報獻。無極曰。
令尹好甲兵。子出之。吾擇焉。擇取以進子常。取五甲五兵。曰。
寘諸門。令尹至。必觀之。而從以酬之。曰無極辭。及饗日。帷
諸門左。張帷陳甲兵其中。無極謂令尹曰。吾幾禍子。子惡將
爲子不利。甲在門矣。子必無往。且此役也。此春救潛之役。○〔幾〕
音祈。吳可以得志。子惡取賂焉而還。又誤羣帥。使退其
師。曰。乘亂不祥。吳乘我喪。我乘其亂。不亦可乎。令尹
使視郤氏。則有甲焉。不往。召鄢將師而告之。告子惡門有甲
兵。將害己。將師退。遂令攻郤氏。且爇之。爇。燒也。○〔爇〕如悅反。子惡聞
之。遂自殺也。國人弗爇。令曰。不爇郤氏。與之同罪。或

取一編營焉或取一秉秆焉編菅苫也秉把也秆稾也○〔菅〕古顏反〔秆〕古但反禾莖也國人投之遂弗爇也令尹炮之炮燔郤宛盡滅郤氏之族黨殺陽令終與其弟完及佗令終陽匄子與晉陳及其子弟晉陳楚大夫皆郤氏之黨晉陳之族呼於國曰鄢氏費氏自以爲王專禍楚國弱寡王室蒙王與令尹以自利也蒙欺也○〔呼〕火故反令尹盡信之矣國將如何令尹病之爲下殺無極張本秋會于扈令戍周且謀納公也宋衛皆利納公固請之范獻子取貨於季孫謂司城子梁與北宮貞子子梁宋樂祁也貞子衛北宮喜曰季孫未知其罪而君伐之請囚請亡於是乎不獲君又弗克而自出也夫豈無備

而能出君乎季氏之復天救之也（復猶安也）休公徒之怒（休息也）而啓叔孫氏之心不然豈其伐人而說甲執冰以游叔孫氏懼禍之濫而自同於季氏天之道也魯君守齊三年而無成季氏甚得其民淮夷與之（淮夷魯東夷。○說他活反）有十年之備有齊楚之援（公雖在齊言齊不致力）有天之贊有民之助有堅守之心有列國之權而弗敢宣也（宣用也）事君如在國（書公行告公至是也）故鞅以爲難二子皆圖國者也而欲納魯君鞅之願也請從二子以圍魯無成死之二子懼皆辭乃辭小國而以難復（以難納白晉君）孟懿子陽虎伐鄆（陽虎季氏家臣伐鄆欲奪公）鄆人將戰子家子曰天命不慆久矣（慆疑也言弃君不疑○[慆]他刀反）使君亡者必此衆也（言君據鄆衆以與魯戰必敗亡）天既禍之而自福也不亦難乎猶有鬼神此必敗也嗚呼爲無望也夫其死於此乎公使子家子如晉公徒敗于且知（且知近鄆地也○[夫]音扶[且]子餘反）楚郤宛之難國言未已進胙者莫不謗令尹（進胙國中祭祀也謗詛也）沈尹戌言於子常曰夫左尹與中廄尹莫知其罪而子殺之以興謗讟至于今不已（左尹郤宛也中廄尹陽令終）戌也惑之仁者殺人以掩謗猶弗爲也今吾子殺人以興謗而弗圖不亦異乎夫無極楚之讒人也民莫不知去朝吳（在十五年○[去]起呂反[朝]如字）出蔡侯朱（在二十一年）喪大

子建。殺連尹奢。在二十年。〔喪〕息浪反。○屏王之耳目。使不聰明。不然。平王之溫惠共儉。有過成莊。無不及焉。所以不獲諸侯。邇無極也。邇近也。今又殺三不辜。以興大謗。三不辜。郤氏陽氏晉陳氏。幾及子矣。子而不圖。將焉用之。夫鄢將師矯子之命。以滅三族。國之良也。而不愆位。在位無愆過。○〔幾〕音祈。又音機。吳新有君。光新立也。疆場日駭。楚國若有大事。子其危哉。知者除讒以自安也。今子愛讒以自危也。甚矣其惑也。子常曰。是瓦之罪。敢不良圖。九月己未。子常殺費無極與鄢將師。盡滅其族。以說于國。謗言乃止。

冬。公如齊。齊侯請饗之。設饗禮。〔知〕音智。○子家子曰。朝夕立於其朝又何饗焉其飲酒也乃飲酒使宰獻而請安此公於大夫也禮君不敵臣宴大夫使宰為主獻獻爵也請安齊侯請自安不在坐也子仲之子曰重為齊侯夫人曰請使重見子仲魯公子慭也十二年謀逐季氏不能而奔齊今行飲酒禮而欲使重見從宴媟也○重直勇反又直恭反見賢遍反慭魚覲反媟息列反子家子乃以君出辟齊夫人十二月晉籍秦致諸侯之戍于周魯人辭以難經所以不書成周籍秦籍談子

經二十有八年春王三月葬曹悼公無傳六月而葬緩公如晉次于乾侯乾侯在魏郡斥丘縣晉竟內邑夏四月丙戌鄭伯寧卒無傳未同盟而赴以名六月葬鄭定公無傳三月而葬速秋七月癸巳滕子寧卒無傳未同盟而赴以名冬葬滕悼公無傳

傳二十八年春公如晉將如乾侯齊侯卑公故適晉子家子曰有求於人而即其安人孰矜之其造於竟欲使次於竟以待命○〔造〕七報反弗聽使請逆於晉晉人曰天禍魯國君淹恤在外君亦不使一个辱在寡人一个單使○〔个〕音箇而即安於甥舅其亦使逆君言自使齊逆君使公復于竟而後逆之逆著乾侯也言公不能用子家所以見辱○〔著〕中略反晉祁勝與鄔臧通室二子祁盈家臣也通室易妻○〔鄔〕舊音烏戶反誤當作於庶反祁盈將執之盈祁午之子訪於司馬叔游叔游司馬叔侯之子叔游曰鄭書有之惡直醜正實蕃有徒鄭書古書名也言害正直者實多徒衆○〔惡〕如字又去聲無道立矣子懼不免言世亂讒勝詩曰民之多辟無自立辟詩大雅○多〔辟〕匹亦

反。立〔辟〕婢亦反。姑已若何。姑且也。已止也。盈曰。祁氏私有討。國何有

焉。言討家臣。無與國事。遂執之。祁勝賂荀躒。荀躒爲之言於晉

侯。晉侯執祁盈。以其專戮。祁盈之臣曰。鈞將皆死。鈞同也。慭

使吾君聞勝與臧之死也以爲快。慭發語之音。○〔慭〕魚覲反。乃殺

之。夏六月。晉殺祁盈及楊食我。楊叔向邑。食我叔向子伯石也。○〔食〕音嗣。

食我。祁盈之黨也。而助亂。故殺之。遂滅祁氏羊舌氏。

初。叔向欲娶於申公巫臣氏。夏姬女也。其母欲娶其黨。叔

向曰。吾母多而庶鮮。吾懲舅氏矣。言父多妾媵。而庶子鮮少。嫌母氏性

不曠。其母曰。子靈之妻殺三夫。子靈。巫臣。妻夏姬也。三夫。陳御叔。楚襄老。及巫

臣也。時巫臣已死。一君。陳靈公。一子。夏徵舒。而亡一國。陳也。兩卿矣。

孔寧儀行父可無懲乎吾聞之甚美必有甚惡是鄭穆少妃姚子之子子貉之妹也子貉鄭靈公夷○〔貉〕亡白反子貉早死無後而天鍾美於是是夏姬也鍾聚也子貉死在宣四年將必以是大有敗也昔有仍氏生女黰黑有仍古諸侯也美髮爲黰○〔黰〕之忍反而甚美光可以鑑髮膚光色可以照人名曰玄妻以髮黑故樂正后夔取之夔舜典樂之君長〔取〕如字又古住反○生伯封實有豕心貪惏無饜忿纇無期謂之封豕纇戾也封大也○〔惏〕力耽反〔饜〕於鹽反〔纇〕立對反有窮后羿滅之夔是以不祀羿篡夏后者○〔羿〕音藝且三代之亡共子之廢皆是物也夏以妺喜殷以妲己周以褒姒三代所由亡也共子晉申生以驪姬廢○〔共〕音恭〔喜〕音嬉女何以爲哉夫有尤物足以移人苟非

德義。則必有禍。尤。異也。〔女〕音汝。〇叔向懼。不敢取。平公強使取之。生伯石。伯石始生。子容之母走謁諸姑。子容母。叔向嫂。伯華妻也。姑。叔向母。〇〔取〕七住反。又如字。〔强〕其丈反。曰。長叔姒生男。兄弟之妻相謂姒。〇〔長〕丁丈反。姑視之。及堂。聞其聲而還。曰。是豺狼之聲也。狼子野心。非是莫喪羊舌氏矣。遂弗視。秋。晉韓宣子卒。魏獻子爲政。獻子。魏舒。分祁氏之田以爲七縣。七縣。鄔。祁。平陵。梗陽。塗水。馬首。盂也。分羊舌氏之田。以爲三縣。銅鞮。平陽。楊氏。〇〔鞮〕丁兮反。司馬彌牟爲鄔大夫。大原鄔縣。賈辛爲祁大夫。大原祁縣。司馬烏爲平陵大夫。魏戊爲梗陽大夫。戊。魏舒庶子。梗陽在大原晉陽縣南。知徐吾爲塗水大夫。徐吾。知盈孫。塗水。大原榆次縣。韓固爲馬首大夫。

固。韓起孫。孟丙爲孟大夫。大原孟縣。樂霄爲銅鞮大夫。上黨銅鞮縣。趙朝爲平陽大夫。朝。趙勝曾孫。平陽。平陽縣。○〔朝〕如字。僚安爲楊氏大夫。平陽楊氏縣。謂賈辛司馬烏爲有力於王室。二十二年。辛烏帥師納敬王。故舉之。謂知徐吾。趙朝。韓固。魏戊。餘子之不失職。能守業者也。卿之庶子爲餘子。其四人者。皆受縣而後見於魏子。以賢舉也。四人。司馬彌牟。孟丙。樂霄。僚安也。受縣而後見。言采衆而舉。不以私也。○〔見〕賢遍反。魏子謂成鱄。鱄。晉大夫。○〔鱄〕音鄟。又市轉反。又音附。吾與戊也縣。人其以我爲黨乎。對曰。何也。戊之爲人也。遠不忘君。遠。疏遠也。近不偪同。不偪同位。居利思義。不苟得。在約思純。無濫心。有守心而無淫行。雖與之縣。不亦可乎。昔武王克商光有天下(光大也○〔行〕下孟反)其兄弟之國者十有五人姬姓之國者四十人皆舉親也夫舉無他唯善所在親疏一也詩曰唯此文王帝度其心莫其德音其德克明克明克類克長克君王此大國克順克比比于文王其德靡悔既受帝祉施于孫子(詩大雅美文王能王大國受天福施及子孫○〔度〕待洛反〔莫〕亡白反文如字〔王〕于況反〔施〕以豉反)心能制義曰度(帝度其心)德正應和曰莫(莫然清靜)照臨四方曰明勤施無私曰類(施而無私物得其所無失類也○〔施〕式豉反)教誨不倦曰長(教誨長人之道)賞慶刑威曰君(作威作福君之職也)慈和偏服曰順(唯順故天下偏服)擇善而從之曰比(比方善事使相從也)經緯天地曰文(經緯相錯故織成文)九

德不愆作事無悔。九德上九曰也。皆無愆過。則動無悔吝。故襄天祿子孫賴之。襄。受也。主之舉也近文德矣。所及其遠哉。舉魏戊等。勤施無私也。其四人者。擇善而從。故曰近文德。所及遠也。賈辛將適其縣見於魏子。魏子曰。辛來。昔叔向適鄭。鬷蔑惡。惡。貌醜。○〔鬷〕子工反。欲觀叔向。從使之收器者。從。隨也。隨使人應斂俎豆者。而往立於堂下。一言而善。叔向將飲酒。聞之。曰。必鬷明也。素聞其賢。故聞其言而知之。下執其手以上。曰。昔賈大夫惡。賈國之大夫。惡亦醜也。娶妻而美。三年不言不笑。御以如皐。為妻御之皐澤。射雉獲之。其妻始笑而言。賈大夫曰。才之不可以已。我不能射。女遂不言不笑。夫今子少不颺。顏貌不揚顯。○〔射〕雉音石。〔女〕音汝。子若無言吾幾失子矣言之不可以已也如是遂如故知今女有力於王室吾是以舉女（因賈辛有功而後舉之言人不可無能○〔幾〕音祁）行乎敬之哉毋墮乃力（墮損也○〔墮〕許規反）仲尼聞魏子之舉也以為義曰近不失親（謂舉魏戊）遠不失舉（以賢舉）可謂義矣又聞其命賈辛也以為忠（先賞王室之功故為忠）詩曰永言配命自求多福忠也（詩大雅永長也言能長配天命致多福者唯忠）魏子之舉也義其命也忠其長有後於晉國乎冬梗陽人有獄魏戊不能斷以獄上（上魏子○〔斷〕丁亂反）其大宗賂以女樂（訟者之大宗）魏子將受之魏戊謂閻沒女寬（二人魏子之屬大夫）曰主以不賄聞於諸侯若受梗陽人賄莫甚焉

吾子必諫皆許諾退朝待於庭魏子朝君退而待於魏子之庭○[聞]如字又音問饋入召之召二大夫食比置三歎既食使坐更命之令坐魏子曰吾聞諸伯叔諺曰唯食忘憂吾子置食之閒三歎何也同辭而對曰或賜二小人酒不夕食或他人也言飢甚饋之始至恐其不足是以歎中置自咎曰豈將軍食之而有不足是以再歎魏子中軍帥故謂之將軍○[食]音嗣及饋之畢願以小人之腹爲君子之心屬厭而已屬足也言小人之腹飽猶知厭足君子之心亦宜然○[屬]之玉反[厭]於鹽反又於豔反獻子辭梗陽人傳言魏氏所以興也

經二十有九年春公至自乾侯居于鄆以乾侯致不得見晉侯故

齊侯使高張來唁公（唁公至晉不見受。高張，高偃子。）公如晉次于乾侯（復不見受往乾侯。）夏四月庚子叔詣卒（無傳。）秋七月冬十月鄆潰（無傳。民逃其上曰潰。潰散叛公。○〔潰〕戶對反。）

傳二十九年春公至自乾侯處于鄆齊侯使高張來唁公稱主君（比公於大夫。）子家子曰齊卑君矣君祇辱焉（言往事齊適取辱。○〔祇〕音支。）公如乾侯（爲齊所卑故復適晉冀見恤。）三月己卯京師殺召伯盈尹氏固及原伯魯之子（皆子朝黨也。稱伯魯子終不說學。○〔說〕音悅。）○尹固之復也（二十六年尹固與子朝俱奔楚而道還。）有婦人遇之周郊尤之曰處則勸人爲禍行則數日而反是夫也其過三歲乎夏五月庚寅王子趙車入于鄻以叛。陰不佞敗之。趙車，子朝之餘也。見王殺伯盈等，故叛。鄻，周邑。○〔數〕所主反。〔鄻〕列勉反。

平王每歲賈馬。賈，買也。○〔賈〕古買反。具從者之衣屨而歸之于乾侯。公執歸馬者賣之。賣其馬。乃不歸馬。衛侯來獻其乘馬曰啓服。啓服，馬名。○〔乘〕如字，又乘證反。塹而死。隋塹死也。公將爲之櫝。爲作棺也。子家子曰：從者病矣，請以食之。乃以帷裹之。禮曰：敝帷不弃，爲埋馬也。○〔從〕去聲。〔食〕音嗣。公賜公衍羔裘，使獻龍輔於齊侯。龍輔，玉名。遂入羔裘，齊侯喜，與之陽穀。陽穀，齊邑。公衍、公爲之生也，其母偕出。出之產舍。公衍先生。公爲之母曰：相與偕出，請相與偕告。留公衍，使待己共白公。三日，公爲生，其母先以告，公爲爲兄。公私喜於陽穀而思於魯，曰：務人爲此禍也務人公爲也始與公若謀逐季氏且後生而爲兄其誣也久矣乃黜之而以公衍爲大子秋龍見于絳郊絳晉國都○[見]賢遍反下同魏獻子問於蔡墨蔡墨晉大史曰吾聞之蟲莫知於龍以其不生得也謂之知信乎對曰人實不知非龍實知言龍無知乃人不知之耳○莫[知]音智下謂之知實知注無知同古者畜龍故國有豢龍氏有御龍氏豢御養也○[豢]音患獻子曰是二氏者吾亦聞之而不知其故是何謂也對曰昔有飂叔安飂古國也叔安其君名○[飂]力謬反有裔子曰董父裔遠也玄孫之後爲裔實甚好龍能求其耆欲以飮食之龍多歸之乃擾畜龍以服事帝舜帝賜之姓曰董擾順也○[好]呼報反[耆]時志反[飮]於鴆反

〔食〕音嗣。下同。〔擾〕而小反。氏曰豢龍。豢龍官名。官有世功。則以官氏。封諸鬷川。鬷夷氏其後也。鬷水上夷。皆董姓。○〔鬷〕子工反。故帝舜氏世有畜龍。及有夏孔甲擾于有帝。孔甲少康之後九世君也。其德能順於天。帝賜之乘龍。河漢各二。合爲四。○〔乘〕繩證反。各有雌雄。孔甲不能食。而未獲豢龍氏。有陶唐氏既衰。其後有劉累。陶唐堯所治地。學擾龍于豢龍氏。以事孔甲。能飲食之。夏后嘉之。賜氏曰御龍。夏后孔甲。以更豕韋之後。更代也。以劉累代彭姓之豕韋。累尋遷魯縣。豕韋復國。至商而滅。累之後世復承其國爲豕韋氏。在襄二十四年。○〔更〕音庚。龍一雌死。潛醢以食夏后。潛藏也。藏以爲醢。明龍不知。○〔醢〕音海。〔知〕音智。夏后饗之。既而使求之。求致龍也。懼而遷於魯縣。不能致龍。故懼遷魯縣。自貶退也。魯縣今魯陽也。

范氏其後也（晉范氏也）獻子曰今何故無之對曰夫物物有其官官脩其方（方法術）朝夕思之一日失職則死及之（失職有罪）失官不食（不食祿）官宿其業（宿猶安也）其物乃至（設水官脩則龍至）若泯棄之物乃坻伏（泯滅也坻止也○泯彌忍反坻音旨又丁禮反）鬱湮不育（鬱滯也湮塞也育生也○湮音因）故有五行之官是謂五官實列受氏姓封為上公（爵上公）祀為貴神社稷五祀是尊是奉（五官之君長能脩其業者死皆配食於五行之神為王者所尊奉）木正曰句芒（正官長也取木生句曲而有芒角也其祀重焉○句古侯反下同重直龍反下同）火正曰祝融（祝融明貌其祀犂焉）金正曰蓐收（秋物摧蓐而可收也其祀該焉○蓐音辱摧徂回反）水正曰玄冥（水陰而幽冥其祀脩及熙焉）土正曰后土（土為羣物

主。故稱后也。其祀句龍焉。在家則祀中霤。在野則爲社。○（霤）力救反。龍。水物也。水官弃
矣。故龍不生得。弃。廢也。不然。周易有之。言若不爾。周易無緣有龍。在
乾䷀乾下乾上。之姤䷫巽下乾上。姤。乾初九變。○（姤）古豆反。曰潛龍
勿用。乾初九爻辭。其同人䷌離下乾上。同人。乾九二變。曰見龍在田。
乾九二爻辭。其大有䷍乾下離上。大有。乾九五變。曰飛龍在天。乾九五爻
辭。其夬䷪乾下兌上。夬。乾上九變。○（夬）古快反。曰亢龍有悔。乾上九爻辭。
其坤䷁坤上坤下。坤。乾六爻皆變。曰見羣龍無首吉。乾用九爻辭。坤
之剝䷖坤下艮上。剝。坤上六變。曰龍戰于野。坤上六爻辭。若不朝
夕見。誰能物之。物。謂上六卦所稱龍各不同也。今說易者皆以龍喻陽氣。如史墨之言。則
爲皆是真龍。獻子曰。社稷五祀。誰氏之五官也。問五官之長皆是誰。

對曰。少皞氏有四叔。少皞。金天氏。○〔皞〕戶老反。曰重。曰該。曰脩。曰熙。實能金木及水。能治其官。〔重〕直龍反。○使重爲句芒。木正。該爲蓐收。金正。脩及熙爲玄冥。二子相代爲水正。世不失職。遂濟窮桑。此其三祀也。窮桑。少皞之號也。四子能治其官。使不失職。濟成少皞之功。死皆爲民所祀。窮桑地在魯北。顓頊氏有子曰犂。爲祝融。犂爲火正。共工氏有子曰句龍。爲后土。共工在大皞後。神農前。以水名官。其子句龍能平水土。故死而見祀。此其二祀也。后土爲社。方荅社稷。故明言爲社。稷田正也。掌播殖也。有烈山氏之子曰柱爲稷。烈山氏神農世諸侯。自夏以上祀之。祀柱。周弃亦爲稷。弃周之始祖。能播百穀。湯既勝夏。廢柱而以弃代之。自商以來祀之。傳言蔡墨之博物。冬晉趙鞅荀寅帥師城汝濱。趙鞅趙武孫也。荀寅。中行荀吳之子。汝濱。晉所取陸渾地。遂賦晉國一鼓鐵。以鑄刑鼎。令晉國各出功力。共鼓石爲鐵。計令一鼓而足。因軍役而爲之。故言遂。著范宣子所爲刑書焉。仲尼曰。晉其亡乎。失其度矣。夫晉國將守唐叔之所受法度。以經緯其民。卿大夫以序守之。序。位次也。民是以能尊其貴。貴是以能守其業。貴賤不愆。所謂度也。文公是以作執秩之官。爲被廬之法。僖二十七年。文公蒐被廬。脩唐叔之法。○〔被〕皮義反。以爲盟主。今棄是度也。而爲刑鼎。民在鼎矣。何以尊貴。弃禮徵書。故不尊貴。貴何業之守。民不奉上。則上失業。貴賤無序。何以爲國。且夫宣子之刑。夷之蒐也。晉國之亂制也。范宣子所用刑。乃夷蒐之法也。夷蒐在文六年。一蒐而三易中軍帥。賈季箕鄭之徒遂作亂。亂。故曰亂制。若之何以爲法。蔡史墨曰。范氏中行氏其亡乎。蔡史墨。卽蔡墨。中行寅爲下卿。而干上令。擅作刑器。以爲國法。是法姦也。又加范氏焉。易之。亡也。范宣子刑書。中旣廢矣。今復興之。是成其咎。其及趙氏。趙孟與焉。然不得已。若德。可以免。鑄刑鼎。本非趙鞅意。不得已而從之。若能脩德。可以免禍。爲定十三年荀寅士吉射入朝歌以叛。○〔與〕音預。〔朝〕如字。

經三十年春王正月。公在乾侯。釋不朝正于廟。夏六月庚辰。晉侯去疾卒。未同盟而赴以名。秋八月。葬晉頃公。三月而葬。速。○〔頃〕音傾。冬十有二月。吳滅徐。徐子章禹奔楚。徐子稱名。以名告也。

傳三十年春王正月。公在乾侯。不先書鄆與乾侯。非公且徵過也。徵，明也。二十七年、二十八年，公在鄆；二十九年，公在乾侯。而經不釋朝正之禮者，所以非責公之妄，且明過謬猶可掩，故不顯書其所在，使若在國然。自是鄆人潰叛，齊晉卑公，子家忠謀終不能用，內外之非，復過誤所當掩塞，故每歲書公所在。〇［徵］直升反。夏六月，晉頃公卒。秋八月，葬。鄭游吉弔，且送葬。魏獻子使士景伯詰之，曰：「悼公之喪，子西弔，子蟜送葬。在襄十五年。〇［詰］起吉反。［蟜］居表反。今吾子無貳，何故？」弔葬共使。［使］所吏反。〇對曰：「諸侯所以歸晉君，禮也。禮也者，小事大，大字小之謂。事大在共其時命，隨時共所求。〇［共］音恭。字小在恤其所無。以敝邑居大國之閒，共其職貢，與其備御不虞之患，豈忘共命？言不敢忘共命，以所備御者多，不及辦之。〇［御］魚呂反。［辦］皮莧反。先王之制，諸侯之喪，士弔大夫送葬唯嘉好聘享三軍之事於是乎使卿晉之喪事敝邑之閒先君有所助執紼矣（紼輓索也禮送葬必執紼○閒音閑紼音弗輓音晚）若其不閒雖士大夫有所不獲數矣（不得如先王禮數）大國之惠亦慶其加（慶善也謂善其君自行）而不討其乏明厎其情（厎致也○厎音旨）取備而已以爲禮也靈王之喪（在襄二十九年）我先君簡公在楚我先大夫印段實往敝邑之少卿也（少年少也）王吏不討恤所無也今大夫曰女盍從舊（盍何不也○女音汝）舊有豐有省不知所從從其豐則寡君幼弱是以不共從其省則吉在此矣唯大夫圖之晉人不能詰（傳言大叔之敏）吳子使徐人執掩餘使鍾吾

人執燭庸。二十七年奔故二公子奔楚。楚子大封而定其徙。(大封與土田定其所徙之居)使監馬尹大心逆吳公子使居養(二子奔楚楚使逆之於竟也養卿所封之邑○[監]古銜反)莠尹然左司馬沈尹戌城之(城養)取於城父與胡田以與之(胡田故胡子之地)將以害吳也。子西諫曰吳光新得國而親其民視民如子辛苦同之將用之也若好吾邊疆使柔服焉猶懼其至(柔服)(謂不與吳構怨○[好]呼報反)吾又彊其讎以重怒之無乃不可乎(讎謂二公子)吳周之冑裔也而弃在海濱不與姬通今而始大比于諸華光又甚文將自同於先王(先王謂大王王季亦自西戎始比諸華)不知天將以爲虐乎使翦喪吳國而封大異姓乎其抑亦將卒以祚吳乎其終不遠矣言其事行可知不久我盍姑億吾鬼神億安也而寧吾族姓以待其歸善惡之歸將焉用自播揚焉播揚猶勞動也○將焉於虔反播彼我反又波賀反王弗聽吳子怒冬十二月吳子執鍾吾子遂伐徐防山以水之防壅山水以灌徐己卯滅徐徐子章禹斷其髮斷髮自刑示懼○斷丁緩反攜其夫人以逆吳子吳子唁而送之使其邇臣從之遂奔楚邇近也楚沈尹戌帥師救徐弗及遂城夷使徐子處之夷城父也吳子問於伍員曰初而言伐楚在二十年○員音云余知其可也而恐其使余往也又惡人之有余之功也今余將自有之矣伐楚何如對曰楚執

政衆而乖莫適任患若爲三師以肄焉肄猶勞也○(惡)去聲(適)音的(任)音壬(肄)以利反一師至彼必皆出彼出則歸彼歸則出楚必道敝罷敝於道○(罷)音皮亟肄以罷之亟數也○(亟)欺冀反多方以誤之既罷而後以三軍繼之必大克之闔廬從之楚於是乎始病爲定四年吳入楚傳

經三十有一年春王正月公在乾侯季孫意如會晉荀躒于適歷適歷晉地○(躒)音歷(適)音的夏四月丁巳薛伯穀卒襄二十五年盟重丘○叶(重)平聲晉侯使荀躒唁公于乾侯將使意如迎公故荀躒來唁秋葬薛獻公無傳冬黑肱以濫來奔黑肱邾大夫濫東海昌慮縣不書邾史闕文○(濫)力甘反或力暫反(慮)音閭又如字十有二月辛亥朔日有

食之。

傳三十一年。春。王正月。公在乾侯。言不能外內也。公內不容於臣子。外不容於齊晉。所以久在乾侯。晉侯將以師納公。范獻子曰。若召季孫而不來。則信不臣矣。然後伐之。若何。晉人召季孫。獻子使私焉。曰。子必來。我受其無咎。言我爲子受無咎之任。季孫意如會晉荀躒于適歷。荀躒曰。寡君使躒謂吾子。何故出君。有君不事。周有常刑。子其圖之。季孫練冠麻衣跣行。示憂慼。○跣素典反。伏而對曰。事君。臣之所不得也。敢逃刑命。言願事君。君不肯還。不敢辟罪。君若以臣爲有罪請囚于費。以待君之察也。亦唯君。若以先臣之故。不絶季氏而賜之死。雖賜以死不絶其後。○(費)音祕。若弗殺弗亡。君之惠也。死且不朽。若得從君而歸。則固臣之願也。敢有異心。君皆謂魯侯也。蓋季孫探言罪己輕重。以荅荀躒。○(探)他南反。夏四月。季孫從知伯如乾侯。知伯荀躒。○(知)音智。子家子曰。君與之歸。一慙之不忍。而終身慙乎。公曰。諾。衆曰。在一言矣。君必逐之。言晉既憂君。君一言使晉。晉必逐之。荀躒以晉侯之命唁公。且曰。寡君使躒以君命討於意如。意如不敢逃死。君其入也。公曰。君惠顧先君之好。施及亡人。將使歸糞除宗祧以事君。則不能見夫人。己所能見夫人者。有如河。夫人謂季孫也。言若見季孫。己當受禍。明如河。以自誓。荀躒掩耳而走。怪公所言。示不忍聽。曰。

寡君其罪之恐敢與與知魯國之難言恐獲不納君之罪。今納而不入何
敢復知耶。○(與)音預。(難)乃旦反。臣請復於寡君退而謂季孫君怒未
息子姑歸祭歸攝君事。子家子曰君以一乘入于魯師季
孫必與君歸公欲從之衆從者脅公不得歸傳言君弱不得
復自在。○(乘)繩證反。(從)才用反。薛伯穀卒同盟故書謂書名也。入春秋來。薛始書名。
故發傳。經在荀躒唁公上。傳在下者。欲魯事相次。秋吳人侵楚伐夷侵潛六
皆楚邑。楚沈尹戌帥師救潛吳師還楚師遷潛於南岡
而還吳師圍弦左司馬戌右司馬稽帥師救弦及豫
章左司馬沈尹戌。○(稽)音啟。又古兮反。吳師還始用子胥之謀也謀在前年。
冬邾黑肱以濫來奔賤而書名重地故也黑肱非命卿。故曰賤。

君子曰。名之不可不愼也如是。是黑肱也。夫有所有名而不如其已。有所謂有地也。言雖有名。不如無名。已。止也。以地叛雖賤必書地。以名其人。終爲不義。弗可滅已。是故君子動則思禮。行則思義。不爲利回。回正心也。〇〔爲〕于僞反。下同。不爲義疚。疚。病也。見義則爲之。或求名而不得。或欲蓋而名章。懲不義也。齊豹爲衞司寇。守嗣大夫。守先人嗣。言其尊。作而不義。其書爲盜。求名而不得也。二十年。豹殺衞侯兄縶。欲求不畏彊禦之名。邾庶其。在襄二十一年。莒牟夷。在五年。邾黑肱。以土地出。求食而已。不求其名。賤而必書。春秋叛者多。唯取三人者。三人皆小國大夫。故曰賤。此二物者。所以懲肆而去貪也。物。事也。肆。放也。齊豹書盜。懲肆也。三叛人名。去貪也。〇〔去〕上聲。若艱難其身。身爲艱難。以險危大人。大人在位者。而有名章徹。謂得勇名。攻難之士將奔走之。攻猶作也。奔走猶赴趣也。○[難]去聲。若竊邑叛君以徼大利而無名。謂不書其人名。○[徼]音澆。貪冒之民將寘力焉。盡力爲之。不顧於見書。○[冒]亡北反。又亡報反。是以春秋書齊豹曰盜。三叛人名。以懲不義。數惡無禮。其善志也。無禮惡逆。皆數而不志。記事之善者也。○[數]所主反。故曰春秋之稱微而顯。文微而義著。○[稱]尺證反。婉而辨。辭婉而旨別。○[別]彼列反。上之人能使昭明。上之人謂在位者。在位者能行其法。善人勸焉。淫人懼焉。是以君子貴之。非賤人所能。

十二月辛亥朔。日有食之。是夜也。趙簡子夢童子贏而轉以歌。轉。婉轉也。○[贏]力果反。且占諸史墨曰。吾夢如是。今而日食何也。簡子夢適與日食會，謂咎在己，故問之。對曰：六年及此月也，吳其入郢乎。終亦弗克。史墨知夢非日食之應，故釋日食之咎，而不釋其夢。○[郢]以井反，又羊政反。入郢必以庚辰。庚日有變，日在辰尾，故曰以庚辰。定四年十一月庚辰，吳入郢。日月在辰尾。辰尾，龍尾也。周十二月，今之十月，日月合朔於辰尾而食。庚午之日，日始有謫，火勝金，故弗克。謫，變氣也。庚午，十月十九日，去辛亥朔四十一日。雖食在辛亥，更以始變爲占也。午，南方，楚之位也。午，火，庚，金也。日以庚午有變，故災在楚。楚之仇敵唯吳，故知入郢必吳。火勝金者，金爲火妃，食在辛亥，亥，水也。水數六，故六年也。○[謫]直革反。

經三十有二年春王正月，公在乾侯，取闞。無傳。公別居乾侯，遣人誘闞而取之，不用師徒。○[闞]口暫反。夏，吳伐越。秋，七月。冬，仲孫何忌會晉韓不信、齊高張、宋仲幾、衛世叔申、鄭國參、曹人莒人薛人杞人小邾人城成周世叔申世叔儀孫也國參子產之子不書盟時公在外未及告公公已薨○[參]七南反十有二月己未公薨于乾侯十五日

傳三十二年春王正月公在乾侯言不能外內又不能用其人也其人謂子家羈也言公不能用其人故於今猶在乾侯夏吳伐越始用師於越也自此之前雖疆事小爭未嘗用大兵史墨曰不及四十年越其有吳乎存亡之數不過三紀歲星三周三十六歲故曰不及四十年哀二十二年越滅吳至此三十八歲越得歲而吳伐之必受其凶此年歲在星紀星紀吳越之分也歲星所在其國有福吳先用兵故反受其殃秋八月王使富辛與石張如晉請城成周子朝之亂其餘黨多在王城敬王畏之徙都成周成周狹小故請城

之。天子曰天降禍于周俾我兄弟竝有亂心以爲伯父憂。俾使也兄弟謂子朝也伯父謂晉侯我一二親昵甥舅不皇啓處於今十年。謂至二十三年二師圍郊至于今○[昵]女乙反勤戍五年。謂二十八年晉籍秦致諸侯之戍至于今余一人無日忘之。念諸侯勞閔閔焉如農夫之望歲懼以待時。閔閔憂貌王憂亂常閔閔冀望安定如農夫之憂飢冀望來歲之將熟伯父若肆大惠復二文之業弛周室之憂。肆展放也二文謂文侯仇文公重耳弛猶解也徼文武之福以固盟主宣昭令名則余一人有大願矣昔成王合諸侯城成周以爲東都。崇文德焉。作成周遷殷民以爲京師之東都所以崇文王之德○[徼]古堯反今我欲徼福假靈于成王脩成周之城俾戍人無勤諸侯用寧蟊賊遠屏晉之力也（蟊賊喻災害。○蟊，亡侯反。）其委諸伯父使伯父實重圖之俾我一人無徵怨于百姓（徵，召也。○徵，張升反。）而伯父有榮施先王庸之（庸，功也。先王之靈以爲大功。○施，式豉反。）范獻子謂魏獻子曰與其戍周不如城之天子實云（云欲罷戍而城。）雖有後事晉勿與知可也從王命以紓諸侯晉國無憂是之不務而又焉從事魏獻子曰善使伯音對（伯音，韓不信。○與，音預。紓，音舒。）曰天子有命敢不奉承以奔告於諸侯遲速衰序（衰，差也。序，次也。○衰，初危反。）於是焉在（在周所命。）冬十一月晉魏舒韓不信如京師合諸侯之大夫于狄泉尋盟且令城成周（尋平丘盟。）魏子南面（居君位。）衛彪傒曰魏子必有大咎干位以令大事非其任也虒傒衛大夫○[虒]彼蚪反[傒]音兮詩曰敬天之怒不敢戲豫敬天之渝不敢馳驅詩大雅戒王者言當敬畏天之譴怒不可遊戲逸豫驅馳自恣渝變也況敢干位以作大事乎己丑士彌牟營成周計丈數計所當城之丈數也揣高卑度高曰揣○[揣]丁果反又初委反度厚薄仞溝洫度深曰仞物土方議遠邇物相也相取土之方面遠近之宜○[相]息亮反量事期知事幾時畢○[幾]居豈反下同計徒庸知用幾人功慮材用知費幾材用○[費]芳貴反書餱糧知用幾糧食以令役於諸侯屬役賦丈付所當城尺丈○[屬]之欲反書以授帥帥諸侯之大夫○[帥]所類反而效諸劉子效致也韓簡子臨之以爲成命臨履其事以命諸侯經所以不書魏舒十二月公疾偏賜大夫從公者○

〔從〕才用反。下同。大夫不受賜。子家子雙琥。琥，玉器。一環一璧輕服。細好之服。受之。大夫皆受其賜。己未。公薨。子家子反賜於府人。曰。吾不敢逆君命也。大夫皆反其賜。書曰。公薨于乾侯。言失其所也。不薨路寢，為失所。趙簡子問於史墨曰。季氏出其君而民服焉。諸侯與之。君死於外而莫之或罪也。對曰。物生有兩。有三。有五。有陪貳。故天有三辰。謂有三。地有五行。謂有五。體有左右。謂有兩。各有妃耦。謂陪貳。〔妃〕音配。○王有公。諸侯有卿。皆有貳也。天生季氏。以貳魯侯。為日久矣。民之服焉。不亦宜乎。魯君世從其失。季氏世脩其勤。民忘君矣。雖死於外。其誰矜之。社稷無常奉。奉之無常人言唯德也。○〔從〕子用反。君臣無常位自古以然。史墨跡古今以實言。故詩曰高岸爲谷深谷爲陵。詩小雅言高下有變易。三后之姓於今爲庶主所知也。三后虞夏商。在易卦雷乘乾曰大壯䷡乾下震上。大壯震在乾上。故曰雷乘乾。天之道也。乾爲天子。震爲諸侯而在乾上君臣易位猶臣大强壯若天上有雷。昔成季友桓之季也文姜之愛子也始震而卜卜人謁之曰生有嘉聞。嘉名聞於世。○〔震〕如字一音身。〔聞〕音問。其名曰友爲公室輔及生如卜人之言有文在其手曰友遂以名之既而有大功於魯立僖公。○〔名〕之武政反。受費以爲上卿至於文子武子文子行父武子宿。○〔費〕音祕。世增其業不廢舊績魯文公薨而東門遂殺適立庶。魯君於是乎失國。失國權。政在季氏。於此君也四公矣。民不知君。何以得國。是以爲君。慎器與名。不可以假人。器車服。名爵號。

春秋經傳集解昭公七第二十六

春秋經傳集解定公上第二十七

定公名宋襄公之子昭公之弟諡法安民大慮曰定

杜氏註　　盡七年

經元年春王公之始年而不書正月公即位在六月故三月晉人執宋仲幾于京師晉執人于天子之側而不以歸京師故但書其執不書所歸○〔幾〕音機夏六月癸亥公之喪至自乾侯告於廟故書至戊辰公即位定公不得以正月即位失其時故詳而日之記事之宜無義例秋七月癸巳葬我君昭公公在外薨故八月乃葬九月大雩無傳過也○〔雩〕音于立煬宮煬公伯禽子也其廟已毀季氏禱之而立其宮書以譏之○〔煬〕羊讓反冬十月隕霜殺菽無傳周十月今八月隕霜殺菽非常之災○〔菽〕本又作叔

傳。元年。春。王正月。辛巳。晉魏舒合諸侯之大夫于狄泉。將以城成周。魏子涖政。涖，臨也。代天子大夫爲政。衛彪傒衛大夫。曰。將建天子。立天子之居。而易位以令。非義也。大事奸義。必有大咎。晉不失諸侯。魏子其不免乎。是行也。魏獻子屬役於韓簡子及原壽過。簡子，韓起孫不信也。原壽過，周大夫。○屬，之欲反。過，古禾反。而田於大陸。焚焉。禹貢大陸在鉅鹿北，嫌絶遠。疑此田在汲郡吳澤荒蕪之地。火田并見燒也。爾雅廣平曰陸。還。卒於甯。甯，今脩武縣，近吳澤。范獻子去其柏椁。以其未復命而田也。范獻子代魏子爲政，去其柏椁，示貶之。○去，起呂反。孟懿子會城成周。不書公未即位。庚寅。栽。栽，設板築。○栽，才代反，又音再。宋仲幾不受功。曰。滕薛郳吾役也。欲使三國代宋受功役也。○郳，五兮反。小邾國。薛宰曰。宋爲無道。絶我小國於周。以我適楚。故我常從宋。晉文公爲踐土之盟。在僖二十八年。曰凡我同盟各復舊職。若從踐土。若從宋。亦唯命。仲幾曰。踐土固然。固曰從舊。薛舊爲宋役。薛宰曰。薛之皇祖奚仲居薛。以爲夏車正。皇。大也。奚仲爲夏禹掌車服大夫。奚仲遷于邳。邳。下邳縣。仲虺居薛以爲湯左相。仲虺。奚仲之後。若復舊職。將承王官。何故以役諸侯。承。奉也。仲幾曰。三代各異物。薛焉得有舊。言居周世。不得以夏殷爲舊。爲宋役。亦其職也。士彌牟曰。晉之從政者新。言范獻子新爲政。未習故事。子姑受功。歸吾視諸故府。求故事。仲幾曰。縱子忘之。山川鬼神其忘諸乎。山川鬼神。盟所告。士伯怒。

謂韓簡子曰薛徵於人典籍故事人所知也宋徵於鬼取證於鬼神宋罪大矣且己無辭而抑我以神誣我也啓寵納侮其此之謂矣開寵過分則納受侵侮必以仲幾爲戮乃執仲幾以歸三月歸諸京師知以歸不可故復歸之京師城三旬而畢乃歸諸侯之戍齊高張後不從諸侯後期不及諸侯之役晉女叔寬曰周萇弘齊高張皆將不免叔寬女寬也○萇直良反萇叔違天高子違人天既厭周德萇弘欲遷都以延其祚故曰違天諸侯相帥以崇天子而高子後期故曰違人天之所壞不可支也衆之所爲不可奸也爲哀三年周人殺萇弘六年高張來奔起夏叔孫成子逆公之喪于乾侯成子叔孫婼之子季孫曰子家子亟言於我未嘗不中吾志也

吾欲與之從政子必止之且聽命焉衆事皆諮問子家子。○(亟)去聲。子家子不見叔孫易幾而哭幾哭會也。不欲見叔孫。故朝夕哭不同會。叔孫請見子家子子家子辭曰羈未得見而從君以出出時成子未爲卿。○(羈)居宜反。子家子名。得(見)音現。(從)才用反。下同。君不命而薨羈不敢見言未受昭公之命。託辭以距叔孫。叔孫使告之曰公衍公爲實使羣臣不得事君二子始謀逐季氏。若公子宋主社稷則羣臣之願也宋昭公弟。定公。凡從君出而可以入者將唯子是聽子家氏未有後季孫願與子從政此皆季孫之願也使不敢以告不敢。叔孫成子名。對曰若立君則有卿士大夫與守龜在羈弗敢知若從君者則貌而出者入可也。貌出。謂以義從公。與季氏無實怨。○〔守〕手又反。寇而出者。行可也。與季氏爲寇讎者。自可去。若覊也。則君知其出也。君。昭公。而未知其入也。覊將逃也。喪及壞隤。公子宋先入。從公者皆自壞隤反。出奔。○〔壞〕音懷。又去聲。〔隤〕音頹。六月癸亥。公之喪至自乾侯。戊辰。公即位。諸侯薨。五日而殯。殯則嗣子即位。癸亥。昭公喪至。五日殯於宮。定公乃即位。季孫使役如闞公氏。將溝焉。闞。魯羣公墓所在也。季孫惡昭公。欲溝絕其北域。不使與先君同。○〔闞〕口暫反。〔惡〕去聲。又如字。榮駕鵝曰。生不能事。死又離之。以自旌也。駕鵞。魯大夫榮成伯也。旌。章也。○〔駕〕音加。〔鵞〕五何反。縱子忍之。後必或恥之。乃止。季孫問於榮駕鵝曰。吾欲爲君謚。使子孫知之。爲惡謚。對曰。生弗能事。死又惡之。以自信也。將焉用之乃止秋七月癸巳葬昭公於墓道南孔子之爲司寇也溝而合諸墓明臣無貶君之義○[惡]如字又去聲昭公出故季平子禱于煬公九月立煬宮平子逐君懼而請禱於煬公昭公死於外自以爲獲福故立其宮周鞏簡公弃其子弟而好用遠人簡公周卿士遠人異族也爲明年鞏氏賊簡公張本○[好]去聲

經二年春王正月夏五月壬辰雉門及兩觀災無傳雉門公宮之南門兩觀闕也天火曰災○[觀]古亂反秋楚人伐吴囊瓦稱人見誘以敗軍冬十月新作雉門及兩觀無傳

傳二年夏四月辛酉鞏氏之羣子弟賊簡公傳言弃親用羈所以敗也桐叛楚桐小國廬江舒縣西南有桐鄉吴子使舒鳩氏誘楚人

舒鳩楚屬國曰以師臨我教舒鳩誘楚使以師臨吳我伐桐爲我使之
無忌吳伐桐也僞若畏楚師之臨己而爲伐其叛國以取媚者也欲使楚不忌吳所謂多方以誤之
○[爲]我于僞反下同秋楚囊瓦伐吳師于豫章從舒鳩言吳人見舟
于豫章僞將爲楚伐桐○[見]賢遍反而潛師于巢實欲以擊楚冬十月
吳軍楚師于豫章敗之楚不忌故遂圍巢克之獲楚公子
繁繁守巢大夫邾莊公與夷射姑飲酒私出射姑邾大夫出辟酒○[射]
音亦一音夜閽乞肉焉奪之杖以敲之奪閽杖以敲閽頭也爲明年邾子卒
傳○[敲]苦孝反又苦學反又口交反
經三年春王正月公如晉至河乃復無傳二月辛卯邾
子穿卒再同盟夏四月秋葬邾莊公六月乃葬緩冬仲孫何

忌及邾子盟于拔（拔地闕○〔拔〕皮八反）

傳三年春二月辛卯邾子在門臺（門上有臺）臨廷閽以缾水沃廷邾子望見之怒閽曰夷射姑旋焉（旋小便）命執之（見其不潔執射姑）弗得滋怒自投于牀廢于鑪炭爛遂卒（廢隋也○〔鑪〕力吳反〔隋〕徒火反）先葬以車五乘殉五人（欲藏中之潔故先內車及殉別爲便房蓋其遺命○〔先〕悉薦反又如字〔藏〕才浪反）莊公卞急而好潔故及是（卞躁疾也）秋九月鮮虞人敗晉師于平中（平中晉地）獲晉觀虎恃其勇也（爲五年士鞅圍鮮虞張本）冬盟于郯（郯即拔也）脩邾好也（公即位故脩好）蔡昭侯爲兩佩與兩裘（佩佩玉也）以如楚獻一佩一裘於昭王昭王服之以享蔡侯蔡侯亦服其一子

常欲之弗與三年止之唐成公如楚有兩肅爽馬子常欲之成公唐惠侯之後。肅爽駿馬名。○〔肅〕如字。又所六反。〔爽〕音霜。弗與亦三年止之唐人或相與謀請代先從者許之飲先從者酒醉之竊馬而獻之子常子常歸唐侯自拘於司敗竊馬者自拘。○〔從〕才用反。〔飲〕於鴆反。曰君以弄馬之故隱君身隱。憂約也。弃國家羣臣請相夫人以償馬必如之相。助也。夫人謂養馬者。○〔相〕息亮反。〔夫〕音扶。唐侯曰寡人之過也二三子無辱皆賞之蔡人聞之固請而獻佩于子常子常朝見蔡侯之徒命有司曰蔡君之久也官不共也言楚所以禮遣蔡侯之物不共備故。○〔共〕音恭。明日禮不畢將死遣蔡侯之禮。蔡侯歸及漢執玉而沈曰余所有濟漢而南者。有若大川。自誓言若復渡漢。當受禍明如大川。○〔沈〕音鴆。蔡侯如晉。以其子元與其大夫之子爲質焉。而請伐楚。爲明年會召陵張本。

經四年。春。王二月。癸巳。陳侯吳卒。無傳。未同盟而赴以名。癸巳。正月七日。書二月。從赴。三月。公會劉子。晉侯。宋公。蔡侯。衛侯。陳子。鄭伯。許男。曹伯。莒子。邾子。頓子。胡子。滕子。薛伯。杞伯。小邾子。齊國夏于召陵。侵楚。於召陵先行會禮。入楚竟。故書侵。夏。四月。庚辰。蔡公孫姓帥師滅沈。以沈子嘉歸。殺之。五月。公及諸侯盟于皐鼬。召陵會劉子。諸侯揔言之也。繁昌縣東南有城皐亭。復稱公者。會盟異處故。○〔姓〕音生。〔鼬〕由又反。杞伯成卒于會。無傳。六月。葬陳惠公。無傳。

許遷于容城。無傳秋七月。公至自會。無傳劉卷卒。無傳卽劉蚠也

劉子奉命出盟召陵。死則天王爲告同盟。故不具爵。○〔卷〕音權。一卷免反。〔蚠〕扶粉反。葬杞悼公。無傳

楚人圍蔡。不服故也。晉士鞅衛孔圉帥師伐鮮虞。無傳孔圉孔羈孫。士鞅卽范鞅。葬劉文公。無傳冬十有一月。庚午。蔡侯以吳子及楚人戰于柏舉。楚師敗績。師能左右之曰以。皆陳曰戰。大崩曰敗績。吳爲蔡討楚。從蔡討謀。故書蔡侯以吳子。言能左右之也。囊瓦稱人。貪以致敗。不能死難。罪賤之。柏舉楚地。昭三十一年傳曰。六年十二月庚辰吳其入郢。今以十一月者。并數閏。○〔陳〕直覲反。楚囊瓦出奔鄭。書名。惡之。○〔惡〕烏路反。○庚辰。吳入郢。弗地曰入。吳不稱子。史略文。

傳四年春三月。劉文公合諸侯于召陵。謀伐楚也。文公王官伯也。晉人假王命以討楚之久留蔡侯。故曰文公合諸侯。晉荀寅求貨於蔡侯。

弗得言於范獻子曰國家方危諸侯方貳將以襲敵
不亦難乎水潦方降疾瘧方起中山不服中山鮮虞弃盟
取怨無損於楚晉楚同盟伐之爲取怨而失中山不如辭蔡侯
吾自方城以來楚未可以得志晉敗楚侵方城在襄十六年祇取
勤焉乃辭蔡侯晉人假羽旄於鄭鄭人與之析羽爲旌王者
游車之所建鄭私有之因謂之羽旄借觀之○〔祇〕音支明日或旆以會或賤者也繼旐
曰旆令賤人施其旆執以從會示卑鄭○〔旆〕步貝反〔令〕力呈反晉於是乎失諸侯傳言
晉無禮所以遂弱將會衛子行敬子言於靈公子行敬子衛大夫曰
會同難難得宜嘖有煩言莫之治也嘖至也煩言忿爭○〔嘖〕仕責反一音
責其使祝佗從祝佗大祝子魚○〔佗〕徒何反〔從〕才用反公曰善乃使子

魚子魚辭曰臣展四體以率舊職猶懼不給而煩刑書若又共二（共二職〔共〕音恭）○徼大罪也且夫祝社稷之常隸也（隸賤臣也）社稷不動祝不出竟官之制也（社稷動謂國遷）君以軍行祓社釁鼓（師出先有事祓禱於社謂之宜社於是殺牲以血塗鼓鼙爲釁鼓○〔祓〕音弗又音廢）祝奉以從（奉社主也○〔從〕如字又才用反）於是乎出竟若嘉好之事（謂朝會○〔好〕呼報反）君行師從（二千五百人）卿行旅從（五百人）臣無事焉公曰行也及皐鼬將長蔡於衛（將盟欲令蔡先衛歃○〔長〕丁丈反〔先〕悉薦反下先衛同）衛侯使祝佗私於萇弘曰聞諸道路不知信否若聞蔡將先衛信乎萇弘曰信蔡叔康叔之兄也（蔡叔周公兄康叔周公弟）先衛不亦可乎子魚曰以先

王觀之則尚德也昔武王克商成王定之選建明德以藩屏周故周公相王室以尹天下尹正也於周爲睦睦親厚也以盛德見親厚分魯公以大路大旂魯公伯禽也此大路金路錫同姓諸侯車也交龍爲旂周禮同姓以封○[分]扶問反下竝同夏后氏之璜璜美玉名封父之繁弱封父古諸侯也繁弱大弓名○[繁]扶元反殷民六族條氏徐氏蕭氏索氏長勺氏尾勺氏使帥其宗氏輯其分族將其類醜醜衆也○[索]素各反[勺]市灼反[輯]音集又音緝以法則周公用卽命于周卽就也使六族就周受周公之法制是使之職事于魯共魯公之職事以昭周公之明德昭顯也分之土田陪敦陪增也敦厚也○[陪]步回反祝宗卜史大祝宗人大卜大史凡四官備物典策典策春秋之制官司彝器

官司。百官也。彝器。常用器也。因商奄之民。商奄。國名也。與四國流言。或迸散在魯。皆令卽屬魯。

懷柔之。○〔迸〕彼諍反。命以伯禽。伯禽。周公世子。時周公唯遣伯禽之國。故皆以付伯禽。而

封於少皞之虛。少皞虛。曲阜也。在魯城內。○〔虛〕起居反。分康叔。康叔。衛之祖。

以大路。少帛。綪茷。旃旌。少帛。雜帛也。綪茷。大赤。取染草名也。通帛爲旃。析羽爲旌。

○〔綪〕七見反。〔茷〕步貝反。又音吠。大呂。鐘名。殷民七族。陶氏。施氏。繁氏。錡

氏。樊氏。饑氏。終葵氏。封畛土略。自武父以南及圃田

之北竟。畛。塗所徑也。略。界也。武父。衛北界。圃田。鄭藪名。○〔繁〕步何反。〔錡〕魚綺反。〔畛〕之忍反。一音真。

〔徑〕音經。取於有閻之土。以共王職。有閻。衛所受朝宿邑。蓋近京畿。取於

相土之東都。以會王之東蒐。爲湯沐邑。王東巡守。以助祭泰山。○〔相〕息亮反。

聃季授土。聃季。周公弟。司空。○〔聃〕乃甘反。陶叔授民。陶叔。司徒。命以康誥。

而封於殷虛。康誥。周書。殷虛。朝歌也。皆啓以商政。疆以周索。皆魯衞地。啓。開也。居殷故地。因其風俗。開用其政。疆理土地以周法。索。法也。分唐叔。唐叔。晉之祖。以大路密須之鼓。密須。國名。闕鞏。甲名。○[鞏]九勇反。沽洗。鐘名。○[洗]息典反。懷姓九宗職官五正。懷姓。唐之餘民。九宗。一姓爲九族。職官五正。五官之長。○[長]丁丈反。下長衞同。命以唐誥而封於夏虛。唐誥。誥命篇名也。夏虛。大夏。今大原晉陽也。啓以夏政。亦因夏風俗。開用其政。疆以戎索。大原近戎而寒。不與中國同。故自以戎法。三者皆叔也而有令德故昭之以分物不然文武成康之伯猶多而不獲是分也唯不尚年也管蔡啓商。惎閒王室。惎。毒也。周公攝政。管叔蔡叔開道紂子祿父以毒亂王室。○[惎]音忌[閒]去聲。王於是乎殺管叔而蔡蔡叔。周公稱王命以討二叔。蔡。放也。○[蔡]

〔蔡〕上素達反下如字以車七乘徒七十人與蔡叔車徒而放之其子蔡仲改行帥德周公舉之以爲己卿士爲周公臣見諸王而命之以蔡命爲蔡侯〔見〕賢遍反○其命書云王曰胡無若爾考之違王命也胡蔡仲名若之何其使蔡先衞也武王之母弟八人周公爲大宰康叔爲司寇聃季爲司空五叔無官豈尚年哉五叔管叔鮮蔡叔度成叔武霍叔處毛叔聃也○〔先〕悉薦反曹文之昭也文王子與周公異母○〔昭〕上饒反晉武之穆也武王子曹爲伯甸非尚年也以伯爵居甸服言小今將尚之是反先王也晉文公爲踐土之盟衞成公不在夷叔其母弟也猶先蔡踐土召陵二會經書蔡在衞上霸主以國大小之序也子魚所言盟歃之次其載書云王若

曰晉重（文公○〔重〕直龍反）魯申（僖公）衛武（叔武）蔡甲午（莊侯）鄭捷（文公）齊潘（昭公）宋王臣（成公○〔王〕如字或作壬如林反）莒期（茲丕公也齊序鄭下周之宗盟異姓爲後）藏在周府可覆視也吾子欲復文武之略（略道也）而不正其德將如之何萇弘說告劉子與范獻子謀之乃長衛侯於盟反自召陵鄭子大叔未至而卒晉趙簡子爲之臨甚哀曰黃父之會（在昭二十五年○〔說〕音悅〔臨〕力鴆反）夫子語我九言曰無始亂無怙富無恃寵無違同無敖禮無驕能（以能驕人○〔語〕魚據反〔敖〕五報反）無復怒（復重也○〔復〕扶又反）無謀非德（非所謀也）無犯非義（傳言簡子能用善言所以遂興）沈人不會于召陵晉人使蔡伐之夏蔡滅沈秋楚爲沈故圍蔡伍

員爲吳行人以謀楚楚之殺郤宛也在昭二十七年○[員]音云伯
氏之族出郤宛黨伯州犂之孫嚭爲吳大宰以謀楚楚
自昭王卽位無歲不有吳師蔡侯因之以其子乾與
其大夫之子爲質於吳冬蔡侯吳子唐侯伐楚唐侯不書
兵屬於吳蔡○[嚭]普鄙反舍舟于淮汭吳乘舟從淮來過蔡而舍之○[舍]音赦又音捨自
豫章與楚夾漢豫章漢東江北地名左司馬戌謂子常曰子沿
漢而與之上下沿緣也緣漢上下遮使勿渡我悉方城外以毀其
舟以方城外人毀吳所舍舟還塞大隧直轅冥阨三者漢東之隘道○[冥]如字或
作寘[阨]於懈反子濟漢而伐之我自後擊之必大敗之既謀
而行武城黑謂子常曰黑楚武城大夫曰吳用木也我用革也

用軍器。不可久也。不如速戰。史皇謂子常。楚人惡子而好司馬。（史皇，楚大夫。司馬，沈尹戌。）若司馬毀吳舟于淮。塞城口而入。（城口，三隘道之摠名。）是獨克吳也。子必速戰。不然不免。乃濟漢而陳。自小別至于大別。（禹貢，漢水至大別南入江。然則此二別在江夏界。）○〔陳〕直覲反。下陳于同。三戰。子常知不可。欲奔。（知吳不可勝。）史皇曰。安求其事。（求知政事。）難而逃之。將何所入。子必死之。初罪必盡說。（言致死以克吳。可以免貪賄致寇之罪。）○〔難〕乃旦反。十一月庚午。二師陳于柏舉。（經所以書戰。二師，吳楚師。）闔廬之弟夫槩王晨請於闔廬曰。楚瓦不仁。（瓦，子常名。）其臣莫有死志。先伐之。其卒必奔。而後大師繼之。必克。弗許。夫槩王曰。所謂臣義而行不待命者其此之謂也今日我死楚可入也以其屬五千先擊子常之卒子常之卒奔楚師亂吳師大敗之子常奔鄭史皇以其乘廣死以戰死○〔乘〕繩證反〔廣〕古曠反吳從楚師及清發清發水名將擊之夫槩王曰困獸猶鬭況人乎若知不免而致死必敗我若使先濟者知免後者慕之蔑有鬭心矣半濟而後可擊也從之又敗之楚人爲食吳人及之奔食而從之敗諸雍澨五戰及郢奔食食者走不陳故不在戰數○〔澨〕市制反己卯楚子取其妹季芈畀我以出涉雎雎水出新城昌魏縣東南至枝江縣入江是楚王西走○〔芈〕面爾反楚姓季芈畀我皆平王女也一云畀我季芈之字〔雎〕七餘反下同鍼尹固與王同舟王使執

燧象以奔吳師。燒火燧繫象尾，使赴吳師，驚却之。○〔鍼〕之林反。庚辰。吳入郢。以班處宮。以尊卑班次處楚王宮室。子山處令尹之宮。子山，吳王子。夫槩王欲攻之。懼而去之。夫槩王入之。入令尹宮也。言吳無禮，所以不能遂克。左司馬戌及息而還。息，汝南新息也。聞楚敗，故還。敗吳師于雍澨。傷。司馬先敗吳師，而身被創。○〔創〕初良反。初司馬臣闔廬。故恥爲禽焉。司馬嘗在吳，爲闔廬臣，是以今恥於見禽。謂其臣曰。誰能免吾首。吳句卑曰。臣賤可乎。司馬曰。我實失子。可哉。失不知子賢。○〔句〕古侯反。三戰皆傷。曰。吾不可用也已。句卑布裳。剄而裹之。司馬已死，剄取其首。○〔剄〕古頂反。藏其身而以其首免。傳言司馬之忠壯。楚子涉睢。濟江。入于雲中。入雲夢澤中，所謂江南之夢。○〔夢〕如字，又音蒙。王寢盜攻之以戈擊王王孫由于以背受之中肩王奔鄖鍾建負季芊以從（鍾建楚大夫○〔鄖〕音云〔從〕才用反一如字）由于徐蘇而從（以背受戈故當時悶絕）鄖公辛之弟懷將弒王曰平王殺吾父我殺其子不亦可乎（辛蔓成然之子鬭辛也昭十四年楚平王殺成然○〔殺〕如字又申志反下同）辛曰君討臣誰敢讎之君命天也若死天命將誰讎詩曰柔亦不茹剛亦不吐不侮矜寡不畏彊禦唯仁者能之（詩大雅言仲山甫不辟彊陵弱○〔茹〕音汝〔矜〕古頑反）違彊陵弱非勇也乘人之約非仁也滅宗廢祀非孝也（弒君罪應滅宗）動無令名非知也必犯是余將殺女鬬辛與其弟巢以王奔隨吳人從之謂隨人曰周之子孫在漢川

者楚實盡之天誘其衷致罰於楚而君又竄之竄匿也。○[知]音智。[女]音汝。周室何罪君若顧報周室施及寡人以獎天衷獎成也。○[施]以豉反。君之惠也漢陽之田君實有之楚子在公宮之北隨公宮也。吳人在其南子期似王子期昭王兄公子結也。逃王而己爲王曰以我與之王必免隨人卜與之不吉乃辭吳曰以隨之辟小而密邇於楚楚實存之世有盟誓至于今未改若難而弃之何以事君執事之患不唯一人一人楚王。○[辟]音僻。[難]去聲。若鳩楚竟敢不聽命吳人乃退鳩安集也。○[竟]音境。鑪金初宦於子期氏實與隨人要言要言無以楚王與吳。弁欲脫子期。○[鑪]又作鑢。金名。音慮。王使見王喜其意。欲引見之。以比王臣。且欲使盟隨人。○［見］音現。辭曰。不敢以約爲利。此約謂要言也。此一時之事。非爲德舉。故辭不敢見。亦不肯爲盟主。○［約］如字。又於妙反。王割子期之心以與隨人盟。當心前割取血以盟。示其至心。初。伍員與申包胥友。包胥。楚大夫。其亡也。謂申包胥曰。我必復楚國。復。報也。申包胥曰。勉之。子能復之。我必能興之。及昭王在隨。申包胥如秦乞師。曰。吳爲封豕長蛇。以荐食上國。荐。數也。言吳貪害如蛇豕。○［荐］在薦反。［數］音朔。虐始於楚。寡君失守社稷。越在草莽。使下臣告急。曰。夷德無厭。若鄰於君。疆場之患也。吳有楚則與秦鄰。○［莽］莫蕩反。逮吳之未定。君其取分焉。與吳共分楚地。○取。［分］扶問反。若楚之遂亡。君之土也。若以君靈撫之。世以事君。撫。存恤也。秦伯使辭焉曰寡人聞命矣子姑就館將圖而告對曰寡君越在草莽未獲所伏（伏猶處也）下臣何敢即安立依於庭牆而哭日夜不絕聲勺飲不入口七日秦哀公爲之賦無衣（詩秦風取其王于興師脩我戈矛與子同仇與子偕作與子偕行○〔勺〕市灼反又音灼〔爲〕去聲）九頓首而坐（無衣三章章三頓首）秦師乃出（爲明年包胥以秦師至張本）

經五年春王三月辛亥朔日有食之（無傳）夏歸粟于蔡（蔡爲楚所圍飢乏故魯歸之粟）於越入吳（於發聲也）六月丙申季孫意如卒秋七月壬子叔孫不敢卒（無傳）冬晉士鞅帥師圍鮮虞

傳五年春王人殺子朝于楚（因楚亂也終閔馬父之言）夏歸粟于蔡以周亟矜無資（亟急也）越入吳吳在楚也六月季平子行東野（東野季氏邑○行下孟反下桓子行同）還未至丙申卒于房陽虎將以璵璠斂（璵璠美玉君所佩○璵音餘璠音煩又方煩反）仲梁懷弗與（懷亦季氏家臣）曰改步改玉（昭公之出季孫行君事佩璵璠祭宗廟今定公立復臣位改君步則亦當去璵璠○去起呂反）陽虎欲逐之告公山不狃不狃曰彼爲君也子何怨焉（不狃季氏臣費宰子洩也爲君不欲使僭○爲于僞反）既葬桓子行東野（桓子意如子季孫斯）及費子洩爲費宰逆勞於郊桓子敬之勞仲梁懷仲梁懷弗敬（懷時從桓子行輕慢子洩○勞力報反下同）子洩怒謂陽虎子行之乎（行逐懷也爲下陽虎囚桓子起）申

包胥以秦師至。秦子蒲、子虎帥車五百乘以救楚。五百乘，三萬七千五百人。子蒲曰：吾未知吳道。道猶法術。使楚人先與吳人戰，而自稷會之，大敗夫槩王于沂。稷、沂，皆楚地。吳人獲薳射於柏舉。薳射，楚大夫。○[射]食亦反，又食夜反。其子帥奔徒奔徒，楚散卒。以從子西，敗吳師于軍祥。楚地。秋七月，子期、子蒲滅唐。從吳伐楚故。九月，夫槩王歸，自立也。以與王戰而敗，自立為吳王，號夫槩。奔楚，為堂谿氏。傳終言之。吳師敗楚師于雍澨。秦師又敗吳師。吳師居麇。麇，地名。○[麇]九倫反。子期將焚之。子西曰：父兄親暴骨焉，不能收，又焚之，不可。前年楚人與吳戰，多死麇中，言不可并焚。○[暴]步卜反。子期曰：國亡矣。死者若有知也，可以歆舊祀言焚吳復楚則祭祀不廢豈憚焚之焚之而又戰吳師敗又戰于公壻之谿楚地名吳師大敗吳子乃歸囚闉輿罷闉輿罷請先遂逃歸闉輿罷楚大夫請先至吳而逃歸言吳唯得楚一大夫復失之所以不克○闉音因輿音餘又羊汝反罷音皮葉公諸梁之弟后臧從其母於吳不待而歸諸梁司馬沈尹戌之子葉公子高也吳入楚獲后臧之母楚定臧弃母而歸○葉舒涉反從如字又才用反葉公終不正視不義之乙亥陽虎囚季桓子及公父文伯文伯季桓子從父昆弟也陽虎欲爲亂恐二子不從故囚之而逐仲梁懷冬十月乙亥殺公何藐藐季氏族○藐亡角反又彌小反己丑盟桓子于稷門之內魯南城門庚寅大詛逐公父歜及秦遄皆奔齊歜即文伯也秦遄平子姑壻也傳言季氏之亂○詛莊慮反歜昌欲

反。(遄)市專反。楚子入于郢。吳師已歸。初鬭辛聞吳人之爭宮也

曰吾聞之不讓則不和不和不可以遠征吳爭於楚

必有亂有亂則必歸焉能定楚王之奔隨也將涉於

成臼江夏竟陵縣有白水出聊屈山西南入漢。○(屈)其勿反。又君勿反。藍尹亹涉其

帑亹。楚大夫。○(亹)亡匪反。(帑)音奴。不與王舟及寧王欲殺之寧。安定也。子

西曰子常唯思舊怨以敗君何效焉王曰善使復其

所吾以志前惡惡。過也。王賞鬭辛王孫由于王孫圉鍾

建鬭巢申包胥王孫賈宋木鬭懷九子。皆從王有大功者。子西

曰請舍懷也以初謀弑王也。○(舍)音捨。又音赦。王曰大德滅小怨道

也終從其兄。免王大難。是大德。申包胥曰吾爲君也非爲身也君

既定矣又何求且吾尤子旗其又爲諸（子旗蔓成然也以有德於平王求欲無厭平王殺之在昭十四年○〔爲〕君〔爲〕身于僞反）遂逃賞王將嫁季芈季芈辭曰所以爲女子遠丈夫也鍾建負我矣以妻鍾建以爲樂尹（司樂大夫○〔遠〕于萬反〔妻〕七計反）王之在隨也子西爲王輿服以保路國于脾洩（脾洩楚邑也失王恐國人潰散故僞爲王車服立國脾洩以保安道路人）聞王所在而後從王王使由于城麇（於麇築城）復命子西問高厚焉弗知子西曰不能如辭（言自知不能當辭勿行）城不知高厚小大何知對曰固辭不能子使余也人各有能有不能王遇盜於雲中余受其戈其所猶在袒而示之背曰此余所能也脾洩之事余亦

弗能也傳言昭王所以復國有賢臣也○〔祖〕音但晉士鞅圍鮮虞報觀虎之役也三年鮮虞獲晉觀虎

經六年春王正月癸亥鄭游速帥師滅許以許男斯歸游速大叔子二月公侵鄭公至自侵鄭無傳夏季孫斯仲孫何忌如晉秋晉人執宋行人樂祁犂稱行人言非其罪冬城中城無傳公爲晉侵鄭故懼而城之季孫斯仲孫忌帥師圍鄆無傳何忌不言何闕文鄆貳於齊故圍之

傳六年春鄭滅許因楚敗也二月公侵鄭取匡爲晉討鄭之伐胥靡也胥靡周地也周儋翩因鄭人以作亂鄭爲之伐胥靡故晉使魯討之匡鄭地取匡不書歸之晉○〔儋〕丁甘反往不假道於衛及還陽虎使季

孟自南門入。出自東門。陽虎將逐三桓。欲使得罪於鄰國。舍於豚澤。衛侯怒。使彌子瑕追之。彌子瑕。衛嬖大夫。公叔文子老矣。文子公叔發。輦而如公曰。尤人而效之。非禮也。昭公之難。君將以文之舒鼎。衛文公之鼎。成之昭兆。寶龜。定之鞶鑑。鞶帶而以鏡爲飾也。今西方羌胡猶然。古之遺服。○〔鞶〕步丹反。苟可以納之。擇用一焉。公子與二三臣之子。諸侯苟憂之。將以爲之質。爲質。求納魯昭公。此羣臣之所聞也。今將以小忿蒙舊德。蒙。覆也。無乃不可乎。大姒之子。大姒。文王妃。唯周公康叔爲相睦也。而效小人以弃之。不亦誣乎。天將多陽虎之罪以斃之。君姑待之。若何。乃止。止不伐魯師。夏季桓子如晉獻鄭俘也。獻此春取匡之役。陽虎強使孟懿子往報夫人之幣。虎欲困辱三桓。并求媚於晉。故強使正卿報晉夫人之聘。晉人兼享之。賤魯。故不復兩設禮。明經所以不備書。孟孫立于房外。謂范獻子曰。陽虎若不能居魯而息肩於晉。所不以爲中軍司馬者。有如先君。稱先君以徵其言。若欲使晉必厚待之。獻子曰。寡君有官。將使其人。擇得其人。鞅何知焉。獻子謂簡子曰。魯人患陽虎矣。孟孫知其釁以爲必適晉。故強爲之請。以取入焉。欲令晉人聞虎當逃走。故強設請託之辭。因此言以入晉。令晉素知之。○(釁)許靳反。(爲)之于僞反。四月己丑。吳大子終纍敗楚舟師。終纍。闔廬子。夫差兄。舟師。水戰。○(纍)力追反。又力軌反。(夫)音扶。(差)初佳反。獲潘子臣小惟子。二子。楚舟師之帥。及大夫七人。楚國大惕懼。士子期又以陵師敗于繁揚。（陵師陸軍。）令尹子西喜曰。乃今可爲矣。（言知懼而後可治。）於是乎遷郢於鄀。而改紀其政。以定楚國。（傳言楚賴子西以安。○〔鄀〕音若。）周儋翩率王子朝之徒。因鄭人將作亂于周。（儋翩子朝餘黨。）鄭於是乎伐馮滑胥靡負黍狐人闕外。（鄭伐周六邑。在魯伐鄭取匡前。於此見者。爲戍周起也。陽城縣西南有負黍亭。○〔見〕賢遍反。下同。）六月。晉閻沒戍周。且城胥靡。（爲下天王出居姑蕕起。）秋八月。宋樂祁言於景公曰。諸侯唯我事晉。今使不往。晉其憾矣。樂祁告其宰陳寅。（以與公言告之。○〔使〕去聲。）陳寅曰。必使子往。他日公謂樂祁曰。唯寡人說子之言。子必往。陳寅曰。子立後而行。吾室亦不亡。（寅知晉政多門。往必有難。）

故使樂祁立後而行。○[說]音悅。唯君亦以我爲知難而行也。見溷而行。溷。樂祁子也。見於君。立以爲後。○[溷]侯溫反。又侯困反。趙簡子逆而飲之酒於緜上。獻楊楯六十於簡子。楊。木名。○[楯]食允反。又音允。陳寅曰。昔吾主范氏。今子主趙氏。又有納焉。以楊楯賈禍。弗可爲也已。知范氏必怨。將得禍。○[賈]音古。然子死晉國。子孫必得志於宋。以其爲國死。范獻子言於晉侯曰。以君命越疆而使。未致使而私飲酒。不敬二君。不可不討也。乃執樂祁。獻子怒祁比趙氏。經所以稱行人。陽虎又盟公及三桓於周社。盟國人于亳社。詛于五父之衢。傳言三桓微。陪臣專政。爲八年陽虎作亂起。冬。十二月。天王處于姑蕕。姑蕕。周地。辟儋翩之亂也。爲明年單劉逆王起。

經七年春王正月。夏四月。秋齊侯鄭伯盟于鹹。衞地。齊人執衞行人北宮結以侵衞。稱行人非使人之罪。齊侯衞侯盟于沙。結叛晉也。陽平元城縣東南有沙亭。大雩。無傳。過也。齊國夏帥師伐我西鄙。夏國佐孫。九月大雩。無傳。過也。冬十月。

傳七年春二月周儋翩入于儀栗以叛。儀栗周邑。齊人歸鄆陽關。陽虎居之以爲政。鄆陽關皆魯邑。中貳於齊。齊今歸之。不書。虎專之。○[中]丁仲反。夏四月單武公。穆公子。劉桓公。文公子。敗尹氏于窮谷。尹氏復黨儋翩共爲亂也。秋齊侯鄭伯盟于鹹。徵會于衞。徵召也。衞侯欲叛晉。屬齊鄭也。諸大夫不可。使北宮結如齊而私於齊侯曰執結以侵我欲以齊師懼諸大夫齊侯從之乃盟于瑣瑣沙也為明年涉佗捘衛侯手起○[捘]子劉反齊國夏伐我齊叛晉故陽虎御季桓子公斂處父御孟懿子處父孟氏家臣成宰公斂陽○[斂]力檢反又音廉將宵軍齊師齊師聞之墮伏而待之墮毀其軍以誘敵而設伏兵○[墮]許規反處父曰虎不圖禍而必死而女也○[女]音汝苫夷曰虎陷二子於難苫夷季氏家臣二子季孟○[苫]始占反不待有司余必殺女虎懼乃還不敗傳言陪臣強能自相制季孟不敢有心冬十一月戊午單子劉子逆王于慶氏慶氏守姑蕕大夫晉籍秦送王己巳王入于王城己巳十二月五日有日無月館于公族黨氏黨氏周大夫○[黨]音掌而後朝于莊宮莊王廟也

春秋經傳集解定公上第二十七

春秋經傳集解定公下第二十八

杜氏註　盡十五年

經八年春王正月公侵齊報前年伐我西鄙公至自侵齊無傳二月公侵齊未得志故三月公至自侵齊無傳曹伯露卒無傳四年盟臯鼬○鼬由又反夏齊國夏帥師伐我西鄙公會晉師于瓦瓦衞地將來救魯公逆會之東郡燕縣東北有瓦亭公至自瓦無傳秋七月戊辰陳侯柳卒無傳四年盟臯鼬晉士鞅帥師侵鄭遂侵衞兩事故日遂葬曹靖公無傳九月葬陳懷公無傳三月而葬速季孫斯仲孫何忌帥師侵衞冬衞侯鄭伯盟于曲濮無傳結叛晉曲濮衞地從祀先公從順也先公閔公僖公也將正二公之位次所順非一親盡故通言先公

盜竊寶玉大弓。盜謂陽虎也。家臣賤名氏不見故曰盜。寶玉夏后氏之璜。大弓封父之繁弱。○〔見〕賢遍反。

傳八年春王正月。公侵齊。門于陽州。攻其門。士皆坐列。言無鬭志。曰顏高之弓六鈞。顏高魯人。三十斤爲鈞。六鈞百八十斤。古稱重故以爲異強。○〔稱〕尺證反。〔強〕其丈反。皆取而傳觀之。陽州人出。顏高奪人弱弓。籍丘子鉏擊之。與一人俱斃。子鉏齊人。斃仆也。偃且射子鉏。中頰殪。子鉏死。○〔且〕如字。〔射〕食亦反。顏息射人中眉。顏息魯人。退曰。我無勇。吾志其目也。以自矜。師退。冉猛僞傷足而先。猛魯人。欲先歸。其兄會乃呼曰。猛也殿。會見猛退而不在列。乃大呼。詐言猛在後爲殿。傳言魯無軍政。○〔呼〕火故反。〔殿〕丁電反。二月己丑。單子伐穀城。劉子伐

儀栗。討儋翩之黨。穀城在河南縣西。○[單]音善。辛卯。單子伐簡城。劉子伐

盂以定王室。傳終王室之亂。趙鞅言於晉侯曰。諸侯唯宋事

晉。好逆其使。猶懼不至。今又執之。是絕諸侯也。將歸

樂祁。士鞅曰。三年止之。無故而歸之。宋必叛晉。執樂祁在

六年。○[好][使]皆去聲。獻子私謂子梁。獻子，范鞅。子梁，樂祁。曰。寡君懼不得

事宋君。是以止子。子姑使溷代子。溷，樂祁子。○[溷]侯溫反。又侯困反。

子梁以告陳寅。陳寅曰。宋將叛晉。是棄溷也。不如待

之。留待勿以子自代。樂祁歸。卒于大行。大行，晉東南山。○[大]音泰。[行]戶郎反。一音

衡。士鞅曰。宋必叛。不如止其尸以求成焉。乃止諸州。

州，晉地。為明年宋公使樂大心如晉張本。公侵齊。攻廩丘之郛。郛，郭也。主人

焚衝衝戰車或濡馬褐以救之馬褐馬衣遂毀之毀郛主人出師奔攻郛人少故遣後師走往助之陽虎僞不見冉猛者曰猛在此必敗陽州之役猛先歸言若在此必復敗○〔復〕扶又反猛逐之顧而無繼僞顛逐廩丘人虎曰盡客氣也言皆客氣非勇苫越生子將待事而名之苫越苫夷〔苫〕式占反○陽州之役獲焉名之曰陽州欲自比僑如夏齊國夏高張伐我西鄙報上二侵晉士鞅趙鞅荀寅救我救不書齊師已去未入竟公會晉師于瓦范獻子執羔趙簡子中行文子皆執鴈魯於是始尚羔獻子士鞅也簡子趙鞅也中行文子荀寅也禮卿執羔大夫執鴈魯則同之今始知執羔之尊也卿不書禮不敵公史略之晉師將盟衞侯于鄟澤自瓦還就衞地盟〔鄟〕音專又市轉反○趙簡子曰羣

臣誰敢盟衞君者。前年衞叛晉屬齊。簡子意欲摧辱之。涉佗成何曰我能盟之。二子。晉大夫。衞人請執牛耳。盟禮尊者涖牛耳。主次盟者衞侯與晉大夫盟。自以當涖牛耳。故請。成何曰衞吾溫原也焉得視諸侯。言衞小可比晉縣。不得從諸侯禮。將歃涉佗捘衞侯之手及捥。捘。擠也。血至捥。○〔歃〕所洽反。〔捘〕子對反。〔捥〕烏喚反。〔擠〕子計反。衞侯怒王孫賈趨進。賈。衞大夫。曰盟以信禮也。信。猶明也。有如衞君其敢不唯禮是事而受此盟也。言晉無禮。不欲受其盟。衞侯欲叛晉而患諸大夫王孫賈使次于郊大夫問故。問不入故。公以晉詬語之。詬。恥也。○〔詬〕呼豆反。〔語〕魚據反。且曰寡人辱社稷其改卜嗣寡人從焉。使改卜他公子以嗣先君。我從大夫所立。大夫曰是衞之禍豈君之過也公曰又有患焉謂寡人必以而子與大夫之子爲質（爲質於晉）大夫曰苟有益也公子則往羣臣之子敢不皆負羈絏以從將行王孫賈曰苟衛國有難工商未嘗不爲患使皆行而後可（欲以激怒國人○絏息列反從才用反）公以告大夫乃皆將行之行有日（有期日）公朝國人使賈問焉曰若衛叛晉晉五伐我病何如矣皆曰五伐我猶可以能戰賈曰然則如叛之病而後質焉何遲之有乃叛晉晉人請改盟弗許秋晉士鞅會成桓公侵鄭圍蟲牢報伊闕也（桓公周卿士不書監帥不親侵也六年鄭伐周闕外晉爲周報之○監古銜反）遂侵衛（討叛）九月師侵衛晉故也（魯爲晉討衛）季寤（季桓子之弟）公鉏

極。公彌曾孫。桓子族子。公山不狃。費宰。皆不得志於季氏。叔孫輒無寵於叔孫氏。輒，叔孫氏之庶子。叔仲志不得志於魯。志，叔孫帶之孫。皆爲國人所薄。故五人因陽虎。陽虎欲去三桓。以季寤更季氏。代桓子。○〔去〕起呂反。〔更〕音庚。舊古孟反。下同。以叔孫輒更叔孫氏。代武叔。己更孟氏。陽虎自代懿子。冬十月。順祀先公而祈焉。將作大事。欲以順祀取媚。辛卯。禘于僖公。辛卯，十月二日。不於大廟者。順祀之義。當退僖公。懼於僖神。故於僖廟行順祀。壬辰。將享季氏于蒲圃而殺之。戒都車曰。癸巳至。都邑之兵車也。陽虎欲以壬辰夜殺季孫。明日癸巳以都車攻二家。○〔圃〕布五反。成宰公斂處父告孟孫曰。季氏戒都車。何故。孟孫曰。吾弗聞。處父曰。然則亂也。必及於子。先備諸。與孟孫以壬辰爲期。處父期以兵救孟氏。壬辰先癸巳一日。陽虎前驅。林楚御桓子。虞人以鈹盾夾之。陽越殿。越。陽虎從弟。○[鈹]普皮反。[盾]食允反。又音允。將如蒲圃。桓子咋謂林楚。咋。暫也。○[咋]仕詐反。曰。而先皆季氏之良也。爾以是繼之。欲使林楚免己於難。以繼其先人之良。對曰。臣聞命後。後。猶晚也。陽虎爲政。魯國服焉。違之徵死。死無益於主。桓子曰。何後之有。而能以我適孟氏乎。對曰。不敢愛死。懼不免主。桓子曰。往也。言必往。孟氏選圉人之壯者三百人。以爲公期築室於門外。實欲以備難。不欲使人知。故僞築室公門外。因得聚衆。於期孟氏支子。林楚怒馬。及衢而騁。騁。馳也。陽越射之不中。築者闔門。季孫既得入。乃閉門。○[射]食亦反。有自門間射陽越殺之。陽虎劫公與武叔武叔・叔孫不敢之子州仇也。以伐孟氏。公斂處父帥成人自上東門入。魯東城之北門。與陽氏戰于南門之內。弗勝。又戰于棘下。城內地名。陽氏敗。陽虎說甲如公宮。取寶玉大弓以出。舍于五父之衢。寢而爲食。其徒曰。追其將至。虎曰。魯人聞余出。喜於徵死。何暇追余。徵。召也。陽虎召季氏於蒲圃。將殺之。今得脫必喜。故言喜於召死。○〔說〕他活反。從者曰。嘻。速駕。公斂陽在。嘻。懼聲。公斂陽請追之。孟孫弗許。畏陽虎。陽欲殺桓子。欲因亂討季氏。以强孟氏。孟孫懼而歸之。不敢殺。子言辨舍爵於季氏之廟而出。子言。季寤。辨猶周徧也。徧告廟飲酒。示無懼。○〔辨〕音遍。〔舍〕如字。陽虎入于讙陽關以叛。叛不書。略家臣。○〔讙〕音歡。鄭駟歂嗣子大叔爲政。歂駟乞子。子然也。爲明年殺鄧析張本。○(歂)市專反。

經九年。春。王正月。夏。四月。戊申。鄭伯蠆卒。無傳。四年盟臯鼬。得寶玉大弓。弓玉。國之分器。得之足以爲榮。失之足以爲辱。故重而書之。○(分)扶問反。六月。葬鄭獻公。無傳。三月而葬。速。秋。齊侯衛侯次于五氏。五氏。晉地。不書伐者。諱伐盟主。以次告。秦伯卒。無傳。不名。未同盟。冬。葬秦哀公。無傳。

傳九年。春。宋公使樂大心盟于晉。且逆樂祁之尸。辭。偽有疾。乃使向巢如晉盟。且逆子梁之尸。樂。向戌曾孫。○(向)舒亮反。子明謂桐門右師出。子明。樂祁之子溷也。右師。樂大心。子明族父也。右師往到子明舍。子明逐使出門去。曰。吾猶衰絰。而子擊鐘。何也。忿其不逆父喪。因責其無同族之恩。右師曰。喪不在此故也。既而告人曰。己衰絰而生子。余何故舍鐘。己。子明也。〇〔舍〕音捨。子明聞之怒。言於公曰。右師將不利戴氏。樂氏、戴公族。不肯適晉。將作亂也。不然無疾。乃逐桐門右師。逐之在明年。終叔孫昭子之言。鄭駟歂殺鄧析而用其竹刑。鄧析、鄭大夫。欲改鄭所鑄舊制。不受君命而私造刑法。書之於竹簡。故言竹刑。君子謂子然於是不忠。苟有可以加於國家者。弃其邪可也。加猶益也。弃不責其邪惡也。靜女之三章。取彤管焉。詩邶風也。言靜女三章之詩。雖說美女。義在彤管。彤管、赤管筆。女史記事規誨之所執。竿旄何以告之。取其忠也。詩鄘風也。錄竿旄詩者。取其中心願告人以善道也。言此二詩。皆以一善見采。而鄧析不以一善存身。故用其道。不弃其人。詩云。蔽芾甘棠。勿翦勿伐。召伯所茇。詩召南也。召伯決訟於蔽芾小棠之下。詩人思之。不伐其樹。茇、

(草舍也)思其人猶愛其樹況用其道而不恤其人乎子然無以勸能矣(傳言子然嗣大叔為政鄭所以衰弱)夏陽虎歸寶玉大弓(無益逬用而祇為名故歸之○[祇]音支)書曰得器用也凡獲器用曰得(器用者謂物之成器可為人用者也)得用焉曰獲(謂用器物以有獲若麟為田獲俘為戰獲)六月伐陽關(討陽虎也)陽虎使焚萊門(陽關邑門)師驚犯之而出奔齊請師以伐魯曰三加必取之(三加兵於魯)齊侯將許之鮑文子諫曰臣嘗為隸於施氏矣(施氏魯大夫文子鮑國也成十七年齊人召而立之至今七十四歲於是文子蓋九十餘矣)魯未可取也上下猶和衆庶猶睦能事大國(大國晉也)而無天菑若之何取之陽虎欲勤齊師也齊師罷大臣必多死亡己於

是乎奮其詐謀夫陽虎有寵於季氏而將殺季孫以不利魯國而求容焉求自容。（罷）音皮。○親富不親仁君焉用之君富於季氏而大於魯國茲陽虎所欲傾覆也魯免其疾而君又收之無乃害乎齊侯執陽虎將東之陽虎願東陽虎欲西奔晉知齊必反己故詐以東爲願。乃囚諸西鄙盡借邑人之車鍥其軸麻約而歸之鍥刻也欲絕追者。○（鍥）苦結反。載蔥靈寢於其中而逃蔥靈輜車名。○（蔥）初江反或音忽。追而得之囚於齊又以蔥靈逃奔宋遂奔晉適趙氏仲尼曰趙氏其世有亂乎受亂人故。秋齊侯伐晉夷儀爲衞討也。敝無存之父將室之辭以與其弟無存齊人也室之爲取婦。曰此役也不死反必娶於高國。高氏國氏齊貴族也無存欲必有功還取卿相之女。先登求自門出死於霤下。既入城夷儀人不服故闕死於門屋霤下也。東郭書讓登登城非人所樂故讓衆使後而己先登○[樂]如字又五孝反。犂彌從之曰子讓而左我讓而右使登者絶而後下。恐書先下故又譎以讓之下入城也。書左彌先下。書從彌言左行彌遂自先下亦讓也。書與王猛息。戰訖共止息。猛曰我先登書斂甲曰曩者之難今又難焉。斂甲起欲擊猛○[曩]乃黨反。嚮也[難]乃旦反。猛笑曰吾從子如驂之靳。靳車中馬也猛不敢與書爭言己從書如驂馬之隨靳也傳言齊師和所以能克○[靳]居覲反。晉車千乘在中牟。救夷儀也今滎陽有中牟縣迴遠疑非也。衛侯將如五氏。齊侯在五氏將往助之。卜過之龜焦。衛至五氏道過中牟畏晉故卜龜焦兆不成不可以行事也。衛侯曰可也衛車當其半。寡人當其半。敵矣。衛侯怒晉甚。不復顧卜。欲以身當五百乘。乃過中牟。中牟人欲伐之。衛褚師圃亡在中牟。曰。衛雖小。其君在焉。未可勝也。齊師克城而驕。其帥又賤。城。謂夷儀也。帥。謂東郭書。○[褚]中呂反。遇必敗之。不如從齊。乃伐齊師。敗之。獲齊車五百乘。事見哀十五年。齊侯致禚媚杏於衛。三邑皆齊西界。以荅謝衛意。○[禚]諸若反。齊侯賞犂彌。犂彌辭曰。有先登者。臣從之。晳幘而衣貍製。晳。白也。幘。齒上下相值。製。裘也。○[幘]音策。又音責。[衣]去聲。公使視東郭書。曰。乃夫子也。吾貺子。貺。賜也。公賞東郭書。辭曰。彼賓旅也。言彼與我若賓主。相讓。旅。俱進退。乃賞犂彌。齊師之在夷儀也。齊侯謂夷儀人曰。得敝無存者。以五家免。給其五家。

令常不共役事。乃得其尸。公三襚之。襚，衣也。比殯三加襚，深禮厚之。與之犀軒與直蓋。犀軒，卿車。直蓋，高蓋。而先歸之。坐引者以師哭之。停喪車以盡哀也。君方爲位而哭，故挽喪者不敢立。親推之三。齊侯自推喪車輪三轉。〇[推]如字。又他回反。

經十年春王三月。及齊平。平前八年再侵齊之怨。夏公會齊侯于夾谷。平故。〇[夾]古洽反。又古協反。公至自夾谷。無傳。晉趙鞅帥師圍衛。齊人來歸鄆讙龜陰田。三邑皆汶陽田也。泰山博縣北有龜山。陰田在其北也。會夾谷，孔子相，齊人服義而歸魯田。〇[鄆]音運。[讙]火官反。叔孫州仇仲孫何忌帥師圍郈。郈，叔孫氏邑。〇[郈]音后。秋叔孫州仇仲孫何忌帥師圍郈。宋樂大心出奔曹。傳在前年春。書名，罪其稱疾不適晉。宋公子地出奔陳。貪弄馬以距君命書名罪之也。冬齊侯衛侯鄭游速會于安甫。無傳安甫地闕。叔孫州仇如齊。宋公之弟辰暨仲佗石彄出奔陳。暨與也宋公寵向魋不聽辰請辰忿而將大臣出奔虛請自忿稱弟示首惡也仲佗石彄皆為國卿不能匡君靜難而為辰所牽帥出奔稱名亦罪之也○[佗]徒何反[彄]苦侯反[魋]大回反[難]乃旦反[帥]音率

傳十年春及齊平。夏公會齊侯于祝其實夾谷。夾谷即祝其也。孔丘相。相會儀也。犁彌言於齊侯曰。孔丘知禮而無勇。若使萊人以兵劫魯侯。必得志焉。萊人齊所滅萊夷也○[劫]居業反齊侯從之。孔丘以公退。曰士兵之。以兵擊萊人兩君合好。而裔夷之俘以兵亂之。裔遠也非齊君所以命諸侯也。

裔不謀夏夷不亂華俘不干盟兵不偪好於神爲不祥盟將告神犯之爲不善於德爲愆義於人爲失禮君必不然齊侯聞之遽辟之辟去萊兵也○〔辟〕婢亦反又音避〔去〕起呂反將盟齊人加於載書曰齊師出竟而不以甲車三百乘從我者有如此盟如此盟詛之禍孔丘使茲無還揖對無還魯大夫○〔還〕音旋曰而不反我汶陽之田吾以共命者亦如之須齊歸汶陽田乃當共齊命於是孔子以公退賤者終其事要盟不絜故略不書○〔共〕音恭〔要〕一遙反齊侯將享公孔丘謂梁丘據曰齊魯之故吾子何不聞焉故舊典事既成矣會事成而又享之是勤執事也且犧象不出門嘉樂不野合犧象酒器犧尊象尊也嘉樂鐘磬也○〔犧〕許宜反又息河反

而既具是弃禮也若其不具用秕稗也秕穀不成者稗草之似穀者言享不具禮穢薄若秕稗○〔秕〕音鄙〔稗〕皮賣反用秕稗君辱弃禮名惡子盍圖之夫享所以昭德也不昭不如其已也乃不果享孔子知齊侯懷詐故以禮距之齊人來歸鄆讙龜陰之田陽虎九年以此奔齊經文倒者次魯事晉趙鞅圍衛報夷儀也前年齊為衛伐晉夷儀故伐衛以報爲初衛侯伐邯鄲午於寒氏邯鄲廣平縣也午晉邯鄲大夫寒氏即五氏也前年衛人助齊伐五氏○〔邯〕音寒〔鄲〕音丹城其西北而守之宵熸午衆宵散○〔熸〕子潛反及晉圍衛午以徒七十人門於衛西門殺人於門中曰請報寒氏之役衛開門與午鬭涉佗曰夫子則勇矣然我往必不敢啓門亦以徒七十人旦門焉步左

右皆至而立如植至其門下步行門左右然後立待如立木不動以示整○[植]如字一音值日中不啓門乃退反役晉人討衛之叛故曰由涉佗成何捘衛侯手故於是執涉佗以求成於衛衛人不許晉人遂殺涉佗成何奔燕君子曰此之謂弃禮必不鈞言必見殺不得與人等詩曰人而無禮胡不遄死涉佗亦遄矣哉詩鄘風遄速也初叔孫成子欲立武叔公若藐固諫曰不可藐叔孫氏之族○[藐]音邈又亡小反成子立之而卒公南使賊射之不能殺公南叔孫家臣武叔之黨○[射]音石公南爲馬正使公若爲郈宰武叔既定使郈馬正侯犯殺公若弗能其圉人曰武叔之圉人吾以劍過朝公若必曰誰之劍也吾稱子

以告。必觀之。吾僞固而授之末。則可殺也。僞爲固陋不知禮者。

以劍鋒末授之。使如之。公若曰。爾欲吳王我乎。見劍向己逆呵之。鱄諸殺吳王亦用劍刺之。○[刺]七亦反。遂殺公若。侯犯以郈叛。犯以不能副武叔之命故叛。叛而以圍告廟。故書圍。武叔懿子圍郈。弗克。秋。二子及齊師復圍郈。弗克。叔孫謂郈工師駟赤。工師。掌工匠之官。○[復]扶又反。曰。郈非唯叔孫氏之憂。社稷之患也。將若之何。對曰。臣之業在揚水卒章之四言矣。揚水。詩唐風。卒章四言曰。我聞有命。叔孫稽首。謝其受己命。駟赤謂侯犯曰。居齊魯之際而無事。必不可矣。無所服事。子盍求事於齊以臨民。不然。將叛。侯犯從之。齊使至。駟赤與郈人爲之宣言於郈中。詐爲齊使言也。曰侯犯將以郈易于齊。齊人將遷郈民。謂易其民人。衆兇懼。不欲遷。○（兇）音凶。又上聲。駟赤謂侯犯曰。衆言異矣。不與始同。子不如易於齊。與其死也。猶是郈也。而得紓焉。何必此。言以郈民易取齊人。與郈無異。勝於守郈。爲叛人所殺。齊人欲以此偪魯。必倍與子地。言非徒得民。又將得齊地。且盍多舍甲於子之門。以備不虞。侯犯曰。諾。乃多舍甲焉。侯犯請易於齊。齊有司觀郈。將至。駟赤使周走呼曰。齊師至矣。郈人大駭。介侯犯之門甲。以圍侯犯。駟赤將射之。僞爲侯犯射郈人。○（呼）火故反。侯犯止之曰。謀免我。侯犯請行。許之。郈人許之。駟赤先如宿。宿。東平無鹽縣。故宿國。侯犯殿。每出一門。郈人閉之。閉其後門。○（殿）丁見反。及郭門。止之曰。子以叔孫氏之甲出。有司若誅之。（誅，責也。）羣臣懼死。駟赤曰。叔孫氏之甲有物。吾未敢以出。（物，識也。赤還救侯犯也。○〔識〕申志反，又如字。）犯謂駟赤曰。子止而與之數。（數甲以相付。○〔數〕色主反。）駟赤止而納魯人。侯犯奔齊。齊人乃致郈。（致其名簿也。爲下武叔如齊傳。）宋公子地嬖蘧富獵。（地，宋景公弟，辰之兄也。○〔蘧〕其居反。）十一分其室。而以其五與之。（與富獵也。）公子地有白馬四。公嬖向魋。魋欲之。（向魋，司馬桓魋也。）公取而朱其尾鬣以與之。（與魋也。）地怒。使其徒扶魋而奪之。魋懼將走。公閉門而泣之。目盡腫。母弟辰曰。子分室以與獵也。而獨卑魋。亦有頗焉。子爲君禮。（禮辟君也。○〔扶〕蒲乙反。〔頗〕普多反。）不過出竟。君必止子。公子地出奔陳。公弗止。辰為之請。弗聽。辰曰。是我迋吾兄也。迋，欺也。○[迋]求往反。又古況反。吾以國人出。君誰與處。冬。母弟辰暨仲佗石彄出奔陳。佗，仲幾子。彄，褚師段子。皆宋卿。衆之所望。故言國人。武叔聘于齊。謝致郈也。經書辰奔在聘後者，從告。齊侯享之。曰。子叔孫。若使郈在君之他竟。寡人何知焉。屬與敝邑際。故敢助君憂之。以致郈德叔孫。○[屬]音燭。對曰。非寡君之望也。所以事君。封疆社稷是以。以猶為也。敢以家隸勤君之執事。夫不令之臣。天下之所惡也。君豈以為寡君賜。言義在討惡。非所以賜寡君。

經十有一年。春。宋公之母弟辰及仲佗石彄公子地自

陳入于蕭以叛。蕭宋邑。稱弟例在前年。夏四月。秋。宋樂大心自
曹入于蕭。入蕭從叛人。叛可知。故不書叛。冬。及鄭平。平六年侵鄭取匡之怨。叔
還如鄭涖盟。還。叔詣曾孫。○(還)音旋。案世族譜叔還是叔弓曾孫。此誤。
傳。十一年春。宋公母弟辰暨仲佗石彄公子地入于
蕭以叛。秋。樂大心從之。大爲宋患。寵向魋故也。惡宋公寵
不義。以致國患。冬。及鄭平。始叛晉也。魯自僖公以來。世服於晉。至今而叛。故曰始。
經。十有二年春。薛伯定卒。無傳。四年盟皐鼬。夏。葬薛襄公。無傳。
叔孫州仇帥師墮郈。墮。毀也。患其險固。故毀壞其城。○(墮)許規反。(壞)音怪。又戶怪反。
衛公孟彄帥師伐曹。彄。孟縶子。○(彄)苦侯反。(縶)陟立反。季孫斯仲孫
何忌帥師墮費。秋。大雩。無傳。書過。冬十月癸亥。公會齊侯

盟于黃。無傳。結叛晉。十有一月丙寅朔日有食之。無傳。公至自黃。無傳。十有二月公圍成。公至自圍成。無傳。國內而書至者。成彊若列國。與動大衆。故出入皆告廟。

傳十二年夏衞公孟彄伐曹克郊。郊。曹邑。還滑羅殿。羅。衞大夫。○滑。于八反。未出不退於列。未出曹竟。羅不退在行列之後。其御曰殿而在列其爲無勇乎。羅曰與其素厲。寧爲無勇。素。空也。厲。猛也。言伐小國。當如畏者。以誘致之。仲由爲季氏宰。仲由。子路。將墮三都。三都。費。郈。成也。彊盛將爲國害。故仲由欲毀之。於是叔孫氏墮郈。季氏將墮費。公山不狃叔孫輒帥費人以襲魯。不狃。費宰也。輒。不得志於叔孫氏。公與三子入于季氏之宮。登武子之臺。費人攻之。弗克入及公側。下至臺仲尼命申句須樂頎下伐之。二子魯大夫。仲尼時爲司寇。○[句]音劬。[頎]音祈。費人北國人追之敗諸姑蔑二子奔齊。二子。不狃。叔孫輒。遂墮費將墮成公斂處父謂孟孫墮成齊人必至于北門成在魯北竟。故且成孟氏之保障也無成是無孟氏也子僞不知佯不知。我將不墮冬十二月公圍成弗克

經十有三年春齊侯衛侯次于垂葭二君將使師伐晉。次垂葭以爲之援。夏築蛇淵囿無傳。書不時也。大蒐于比蒲無傳。夏蒐非時。○[比]音毗。衛公孟彄帥師伐曹無傳。秋晉趙鞅入于晉陽以叛書叛。惡可知。冬晉荀寅士吉射入于朝歌以叛吉射。士鞅子。晉趙鞅

歸于晉。韓魏請而復之故曰歸言韓魏之彊猶列國。薛弒其君比。無傳稱君君無道。

傳十三年春齊侯衛侯次于垂葭實郹氏。垂葭改名郹氏高平鉅野縣西南有郹亭。○[郹]古闃反。使師伐晉將濟河諸大夫皆曰不可。邴意茲曰可。意茲齊大夫。○[邴]彼命反。銳師伐河內。今河內汲郡。傳必數日而後及絳。傳告晉。○[傳]張戀反又直專反。[數]所主反。絳不三月不能出河則我既濟水矣。乃伐河內。齊侯皆斂諸大夫之軒。唯邴意茲乘軒。以其言當。[當]丁浪反。○齊侯欲與衛侯乘共載。○[乘]繩證反。下同。與之宴而駕乘廣載甲焉。使告曰晉師至矣。齊侯曰比君之駕也寡人請攝。以己車攝代衛車。○[廣]古曠反。

乃介而與之乘。驅之。或告曰無晉師。乃止。傳言齊侯輕，所以不能成功。○輕，遣政反。晉趙鞅謂邯鄲午曰。歸我衛貢五百家。吾舍諸晉陽。午許諾。十年，趙鞅圍衛，衛人懼，貢五百家，鞅置之邯鄲。今欲徙著晉陽。晉陽，趙鞅邑。歸告其父兄。父兄皆曰。不可。衛是以爲邯鄲。言衛以五百家在邯鄲，邯鄲爲是故，與邯鄲親。○爲，于僞反。而寘諸晉陽。絕衛之道也。不如侵齊而謀之。侵齊則齊當來報。欲因懼齊而徙，則衛與邯鄲好不絕。乃如之。而歸之于晉陽。欲如是謀，而後歸衛貢。趙孟怒。召午而囚諸晉陽。趙鞅不察其謀，謂午不用命，故囚之。使其從者說劍而入。涉賓不可。涉賓，午家臣。不肯說劍入，欲謀叛。○從，才用反。說，他活反。下同。乃使告邯鄲人曰。吾私有討於午也。二三子唯所欲立。午，趙鞅同族，別封邯鄲，故使邯

鄲人更立午宗親遂殺午趙稷涉賓以邯鄲叛稷趙午子夏六月

上軍司馬籍秦圍邯鄲邯鄲午荀寅之甥也荀寅范

吉射之姻也婿父曰姻荀寅子娶吉射女而相與睦故不與圍邯

鄲將作亂作亂攻趙鞅董安于聞之安于趙氏臣告趙孟曰先

備諸趙孟曰晉國有命始禍者死爲後可也安于曰

與其害於民寧我獨死懼見攻必傷害民請以我說趙孟不

可晉國若討可殺我以自解說秋七月范氏中行氏伐趙氏之宮

趙鞅奔晉陽晉人圍之范皋夷無寵於范吉射而欲

爲亂於范氏皋夷范氏側室子梁嬰父嬖於知文子文子荀躒○[知]

音智文子欲以爲卿韓簡子與中行文子相惡簡子韓起孫不

信也。中行文子，荀寅也。○（惡）如字，又烏路反，下同。魏襄子亦與范昭子相惡

襄子，魏舒孫曼多也。昭子，士吉射。故五子謀五子，范皐夷、梁嬰父、知文子、韓簡子、魏襄子。

將逐荀寅而以梁嬰父代之，逐范吉射而以范皐夷代之。荀躒言於晉侯曰：君命大臣，始禍者死，載書在河。爲盟書沈之河。○（躒）力狄反，又如字。今三臣始禍，而獨逐鞅，刑已不鈞矣，請皆逐之。冬十一月，荀躒、韓不信、魏曼多奉公以伐范氏、中行氏，弗克。二子將伐公。齊高彊曰：三折肱知爲良醫。高彊，齊子尾之子，昭十年奔魯，遂適晉。○（三）如字，又息暫反。（折）之設反。唯伐君爲不可，民弗與也。我以伐君在此矣。三家未睦，三家，知、韓、魏。可盡克也。克之，君將誰與？若先伐君，是使睦

也弗聽遂伐公國人助公二子敗從而伐之丁未荀寅士吉射奔朝歌韓魏以趙氏爲請（經所以書趙鞅歸）十二月辛未趙鞅入于絳盟于公宮（傳錄晉亂）初衛公叔文子朝而請享靈公（欲令公臨其家）退見史鰌而告之（史鰌史魚○鰌音秋）史鰌曰子必禍矣子富而君貪罪其及子乎文子曰然吾不先告子是吾罪也君旣許我矣其若之何史鰌曰無害子臣可以免（言能執臣禮）富而能臣必免於難上下同之（言尊卑皆然○難乃旦反下同）戍也驕其亡乎（戍文子之子）富而不驕者鮮吾唯子之見驕而不亡者未之有也戍必與焉（與禍難○與音預）及文子卒衛侯始惡於公叔戍

以其富也。公叔戍又將去夫人之黨。（靈公夫人南子黨宋朝之徒。○[去]起呂反。[朝]如字。）夫人愬之曰。戍將爲亂。（爲明年戍來奔傳。）

經。十有四年。春。衞公叔戍來奔。衞趙陽出奔宋。（陽。趙黶孫。書名者。親富不親仁。○[黶]於減反。）二月辛巳。楚公子結。陳公孫佗人帥師滅頓。以頓子牂歸。夏。衞北宮結來奔。（亦黨公叔戍。皆惡之。○[佗]吐何反。[牂]子郎反。[惡]去聲。後同。）五月。於越敗吳于檇李。（於越。越國也。使罪人詐吳亂陳。故從未陳之例書敗也。檇李。吳郡嘉興縣南醉李城。○[檇]音醉。[陳]直覲反。）吳子光卒。（未同盟而赴以名。）公會齊侯。衞侯于牽。（魏郡黎陽縣東北有牽城。）公至自會。（無傳。）秋。齊侯。宋公會于洮。（洮。曹地。）天王使石尚來歸脤。（無傳。石尚。天子之士。石。氏。尚。名。脤。祭社之肉。盛以脤器。以賜同姓諸侯。親兄弟之國。與之共福。○[脤]市軫反。衛世子蒯聵出奔宋。○[蒯]苦怪反。[聵]五怪反。衛公孟彄出奔鄭。彄書名。與蒯聵黨。罪之。宋公之弟辰自蕭來奔。無傳。稱宋公之弟。例在十年。大蒐于比蒲。邾子來會公。無傳。會公于比蒲。來而不用朝禮。故曰會。○[比]音毗。城莒父及霄。無傳。公叛晉助范氏。故懼而城二邑也。此年無冬。史闕文。

傳十四年春。衛侯逐公叔戌與其黨。故趙陽奔宋。戌來奔。終史魚之言。梁嬰父惡董安于。謂知文子曰。不殺安于。使終爲政於趙氏。趙氏必得晉國。盍以其先發難也討於趙氏。文子使告於趙孟曰。范中行氏雖信爲亂。安于則發之。是安于與謀亂也。晉國有命。始禍者死。二子既伏其罪矣。敢以告。告使討安于。[知][難][與]並去聲。○趙孟患之安于曰我死而晉國寧趙氏定將焉用生人誰不死吾死莫矣乃縊而死趙孟尸諸市而告於知氏曰主命戮罪人安于既伏其罪矣敢以告知伯從趙孟盟知伯荀瓅○(莫)音暮而後趙氏定祀安于於廟趙氏廟頓子牂欲事晉背楚而絕陳好二月楚滅頓傳言小不事大所以亡夏衞北宮結來奔公叔戌之故也吳伐越報五年越入吳越子勾踐禦之陳于檇李勾踐越王允常子勾踐患吳之整也使死士再禽焉不動使敢死之士往輒爲吳所禽欲使吳師亂取之而吳不動使罪人三行屬劍於頸以劍注頸○(行)音杭下同(屬)之欲反又之住反而辭曰二君有治治軍旅臣奸旗鼓犯軍令不敏於君之行前不敢

逃刑敢歸死遂自剄也師屬之目越子因而伐之大敗之靈姑浮以戈擊闔廬姑浮越大夫○[剄]古頂反闔廬傷將指取其一屨其足大指見斬遂失屨姑浮取之○[將]子匠反還卒於陘去檇李七里釋經所以不書滅夫差使人立於庭夫差闔廬嗣子苟出入必謂己曰夫差而忘越王之殺而父乎則對曰唯不敢忘三年乃報越後三年哀元年晉人圍朝歌公會齊侯衛侯于脾上梁之閒脾上梁閒卽牽謀救范中行氏齊魯叛晉故助范中行也析成鮒小王桃甲率狄師以襲晉二子晉大夫范中行氏之黨○[桃]如字又作姚戰于絳中不克而還士鮒奔周小王桃甲入于朝歌秋齊侯宋公會于洮范氏故也謀救范氏衛侯爲夫

人南子召宋朝 南子宋女也朝宋公子舊通于南子在宋呼之○〔爲〕去聲 會于洮大子蒯聵獻盂于齊過宋野 蒯聵衛靈公大子盂邑名也就會獻之故自衛行而過宋野○〔盂〕音于 野人歌之曰既定爾婁豬盍歸吾艾豭 婁豬求子豬以喻南子艾豭喻宋朝艾老也○〔豭〕音加牡豕也 大子羞之謂戲陽速曰從我而朝少君 速大子家臣○〔戲〕許宜反〔少〕詩照反亦作小 少君見我我顧乃殺之速曰諾乃朝夫人夫人見大子大子三顧速不進夫人見其色啼而走 見大子色變知其欲殺己 曰蒯聵將殺余公執其手以登臺大子奔宋盡逐其黨故公孟彄出奔鄭自鄭奔齊大子告人曰戲陽速禍余戲陽速告人曰大子則禍余大子無道使余殺其母余

不許將戕於余戕殘殺也若殺夫人將以余說余是故許
而弗爲以紓余死諺曰民保於信吾以信義也使義可信
不必信言○[紓]音舒冬十二月晉人敗范中行氏之師於潞獲
籍秦高彊二子黨范氏者終景王言籍父無後又敗鄭師及范氏之師
于百泉鄭助范氏故并敗
經十有五年春王正月邾子來朝鼷鼠食郊牛牛死
改卜牛無傳不言所食處舉死重也改卜禮也○[鼷]音兮二月辛丑楚子滅
胡以胡子豹歸夏五月辛亥郊無傳書過壬申公薨于高
寢高寢宮名不於路寢失其所鄭罕達帥師伐宋齊侯衛侯次于
渠蒢不果救故書次○[蒢]直居反邾子來奔喪無傳諸侯奔喪非禮秋七月

壬申。姒氏卒。定公夫人。八月。庚辰朔。日有食之。無傳。九月。滕子來會葬。無傳。諸侯會葬。非禮也。丁巳。葬我君定公。雨。不克葬。戊午。日下昃。乃克葬。辛巳。葬定姒。辛巳。十月三日。有日無月。冬。城漆。邾庶其邑。

傳十五年。春。邾隱公來朝。邾子益。子貢觀焉。邾子執玉高。其容仰。公受玉卑。其容俯。玉。朝者之贄。子貢曰。以禮觀之。二君者皆有死亡焉。夫禮。死生存亡之體也。將左右周旋。進退俯仰。於是乎取之。朝祀喪戎。於是乎觀之。今正月相朝。而皆不度。不合法度。心已亡矣。嘉事不體。何以能久。嘉事。朝禮。高仰。驕也。卑俯。替也。驕近亂。替近疾。

君爲主其先亡乎爲此年公薨哀七年以邾子益歸傳○〔替〕他計反吳之入楚也在四年胡子盡俘楚邑之近胡者俘取也楚既定胡子豹又不事楚曰存亡有命事楚何爲多取費焉二月楚滅胡傳言小不事大所以亡○〔費〕芳味反夏五月壬申公薨仲尼曰賜不幸言而中是使賜多言者也以微知著知之難者子貢言語之士今言而中仲尼懼其易言故抑之○〔中〕丁仲反鄭罕達敗宋師于老丘罕達子齹之子老丘宋地宋公子地奔鄭鄭人爲之伐宋欲取地以處之事見哀十二年○〔齹〕才何反齊侯衛侯次于蘧挐謀救宋也○〔挐〕女居反又女加反秋七月壬申姒氏卒不稱夫人不赴且不祔也赴同祔姑夫人之禮二者皆闕故不日夫人葬定公雨不克襄事禮也襄成也雨而成事若汲汲於欲葬

葬定姒。不稱小君。不成喪也。公未葬而夫人薨。煩於喪禮。不赴不祔。故不稱

小君。臣之怠慢也。反哭於寢。故書葬。冬城漆。書不時告也。實以秋城。冬乃告廟。魯知

其不時。故緩告。從而書之以示譏。

春秋經傳集解定公下第二十八

春秋經傳集解哀公上第二十九

（哀公名蔣。定公之子。蓋夫人定姒所生。謚法。恭仁短折曰哀。）

杜氏註　盡十三年

經元年春王正月公卽位（無傳。）楚子陳侯隨侯許男圍蔡。（隨世服於楚。不通中國。吳之入楚。昭王奔隨。隨人免之。卒復楚國。楚人德之。使列於諸侯。故得見經。）（定六年。鄭滅許。此復見者。蓋楚封之。）鼷鼠食郊牛。改卜牛。夏四月辛巳郊。（無傳。書過也。不言所食。食所非一處。）秋齊侯衛侯伐晉。冬仲孫何忌帥師伐邾。（無傳。）

傳元年春。楚子圍蔡。報柏舉也。（在定四年。）里而栽。（栽設板築爲圍壘。周币去蔡城一里。○[栽]才代反。又音再。築牆長版。）廣丈高倍。（壘厚一丈。高二丈。○[廣]古曠反。）

〔高〕如字。又古報反。夫屯晝夜九日。夫猶兵也。壘未成。故令人在壘裏屯守蔡。〇〔屯〕徒門反。如子西之素。子西本計爲壘。當用九日而成。蔡人男女以辨。辨。別也。男女各別。係纍而出降。〔辨〕扶免反。〔纍〕力追反。〇使疆于江汝之閒而還。楚欲使蔡徙國在江水之北。汝水之南。求田以自安也。蔡權聽命。故楚師還。蔡於是乎請遷于吳。楚既還。蔡人更叛楚就吳。爲明年蔡遷州來傳。吳王夫差敗越于夫椒。報檇李也。檇李在定十四年。夫椒。吳郡吳縣西南大湖中椒山。〇〔夫〕音扶。〔檇〕音醉。遂入越。越子以甲楯五千保于會稽。上會稽山也。在會稽山陰縣南。〇〔楯〕食允反。又音允。〔會〕古外反。使大夫種因吳大宰嚭以行成。吳子將許之。伍員曰。不可。臣聞之。樹德莫如滋。去疾莫如盡。昔有過澆殺斟灌。以伐斟鄩。澆。寒浞子。封於過者。二斟。夏同姓諸侯。襄四年傳曰。澆用鄩滅斟灌。○[嚭]普鄙反。[員]音云。[去]起呂反。[過]古禾反。[澆]五叫反，一五報反。[灌]古亂反。[鄩]音尋。[浞]仕捉反。

滅夏后相。夏后相，啓孫也。后相失國，依於二斟，復爲澆所滅。○[相]息亮反。后緡方娠。后緡，相妻。娠，懷身也。○[娠]音震，又音身。逃出自竇，歸于有仍，生后緡，有仍氏女。少康焉。爲仍牧正。牧官之長。惎澆能戒之。惎，毒也。戒，備也。○[惎]音忌。澆使椒求之。椒，澆臣。逃奔有虞，爲之庖正，以除其害。虞舜後諸侯也。梁國有虞縣。庖正，掌膳羞之官。賴此以得除己害。虞思於是妻之以二姚，思，有虞君也。虞思自以二女妻少康。姚，虞姓。○[妻]七計反。而邑諸綸。綸，虞邑。有田一成，有衆一旅。方十里爲成。五百人爲旅。能布其德，而兆其謀，兆，始。以收夏衆，撫其官職。襄四年傳曰：靡自有鬲氏收二國之燼，以滅浞而立少康。○[鬲]音革。使女艾諜澆。女艾，少康臣。諜，候也。○[女]如字，又音汝。使季杼誘豷。豷，澆弟也。

季杼少康子后杼也〔杼〕直呂反〔豷〕許器反○遂滅過戈復禹之績過澆國戈豷國
○〔過〕〔戈〕竝古禾反祀夏配天不失舊物物事也今吳不如過而
越大於少康或將豐之不亦難乎言與越成是使越豐大必為吳難○
〔難〕乃旦反句踐能親而務施施不失人所加惠賜皆得其人○〔施〕始豉反下
同親不弃勞推親愛之誠則不遺小勞與我同壤而世為仇讎於
是乎克而弗取將又存之違天而長寇讎猶言天與不取後
雖悔之不可食已食消也已止也姬之衰也日可俟也姬吳姓言
可計月而待介在蠻夷而長寇讎以是求伯必不行矣弗
聽退而告人曰越十年生聚而十年教訓生民聚財富而後教
之○〔伯〕如字又音霸二十年之外吳其為沼乎謂吳宮室廢壞當為汙池為二

十二年越入吳起本三月越及吳平吳入越不書吳不告慶越不告敗也嫌夷狄不與華同故復發傳夏四月齊侯衛侯救邯鄲圍五鹿趙稷以邯鄲叛范中行氏之黨也五鹿晉邑○[邯]音寒[鄲]音丹吳之入楚也在定四年使召陳懷公懷公朝國人而問焉曰欲與楚者右欲與吳者左陳人從田無田從黨都邑之人無田者隨黨而立不知所與故直從所居田在西者居右在東者居左逢滑當公而進當公不左不右曰臣聞國之興也以福其亡也以禍今吳未有福楚未有禍楚未可弃吳未可從而晉盟主也若以晉辭吳若何公曰國勝君亡非禍而何楚爲吳所勝對曰國之有是多矣何必不復小國猶復況大國乎臣聞國之興

也視民如傷是其福也（如傷恐驚動）其土也以民爲土芥是其禍也（芥草也）楚雖無德亦不艾殺其民吳日敝於兵暴骨如莽（草之生於廣野莽莽然故曰草莽○艾魚廢反暴步卜反）而未見德焉天其或者正訓楚也（使懼而改過）禍之適吳其何日之有（言至今）陳侯從之及夫差克越乃脩先君之怨秋八月吳侵陳脩舊怨也（傳言吳不脩德而脩怨所以亡）齊侯衛侯會于乾侯救范氏也師及齊師衛孔圉鮮虞人伐晉取棘蒲（魯師不書非公命也孔圉孔烝鉏曾孫鮮虞狄帥賤故不書）吳師在陳楚大夫皆懼曰闔廬惟能用其民以敗我於柏舉今聞其嗣又甚焉將若之何子西曰二三子恤不相睦無患吳

矣。昔闔廬食不二味。居不重席。室不崇壇。平地作室不起壇也。○〔重〕平聲。器不彤鏤。彤，丹也。鏤，刻也。宮室不觀。觀，臺榭。○〔觀〕古亂反。舟車不飾。衣服財用。擇不取費。選取堅厚，不尚細靡。○〔費〕芳味反。在國。天有菑癘。癘，疾疫也。親巡孤寡。而共其乏困。在軍。熟食者分而後敢食。必須軍士皆分熟食，不敢先食。分猶偏也。○〔共〕音恭。其所嘗者。卒乘與焉。所嘗甘珍，非常食。勤恤其民。而與之勞逸。是以民不罷勞。死知不曠。知身死不見曠弃。○〔罷〕音皮。吾先大夫子常易之。所以敗我也。易猶反也。今聞夫差次有臺榭陂池焉。積土為高曰臺，有木曰榭。過再宿曰次。宿有妃嬙嬪御焉。妃嬙，貴者。嬪御，賤者。皆內官。一日之行。所欲必成。玩好必從。珍異是聚。觀樂是務。視民如

讎而用之日新夫先自敗也已安能敗我爲二十二年越滅吳

起本冬十月晉趙鞅伐朝歌討范中行氏

經二年春王二月季孫斯叔孫州仇仲孫何忌帥師伐邾取漷東田及沂西田邾人以賂取之易也○[漷]火虢反又音郭[沂]魚依反癸巳叔孫州仇仲孫何忌及邾子盟于句繹句繹邾地取邑盟以要之○[句]音勾夏四月丙子衛侯元卒定四年盟臯鼬滕子來朝無傳晉趙鞅帥師納衛世子蒯聵于戚秋八月甲戌晉趙鞅帥師及鄭罕達帥師戰于鐵鄭師敗績皆陳曰戰大崩曰敗績鐵在戚城南罕達子皮孫冬十月葬衛靈公無傳七月而葬緩十有一月蔡遷于州來畏楚而請遷故以自遷爲文蔡殺其大夫公子

駟四。懷土而欺大國。故罪而書名。

傳二年春伐邾。將伐絞。絞，邾邑。邾人愛其土。故賂以漷沂之田而受盟。初衛侯遊于郊。子南僕。子南，靈公子郢也。僕，御也。公曰。余無子。將立女。蒯聵奔。無大子。○[女]音汝。不對。他日又謂之。對曰。郢不足以辱社稷。君其改圖。君夫人在堂。三揖在下。三揖，卿大夫士。君命祇辱。言立適當以禮。與外內同之。今君私命。事必不從。適爲辱。○[祇]音支。立[適]音的。夏衛靈公卒。夫人曰。命公子郢爲大子。君命也。對曰。郢異於他子。言用意不同。且君沒於吾手。若有之。郢必聞之。言當以臨沒爲正。且亡人之子輒在。輒，蒯聵之子，出公也。靈公適孫。乃六輒立。月乙酉。晉趙鞅納衛大子于戚。宵迷陽虎曰右河而南必至焉是時河北流過元城界戚在河外晉軍已渡河故欲出河右而南使大子絻絻者始發喪之服○[絻]音問八人衰絰僞自衛逆者欲爲衛人逆故衰絰成服告於門哭而入遂居之秋八月齊人輸范氏粟鄭子姚子般送之子姚罕達子般駟弘○[般]音班士吉射逆之趙鞅禦之遇於戚陽虎曰吾車少以兵車之旆與罕駟兵車先陳旆先驅車也以先驅車益其兵車以示衆○[陳]直覲反罕駟自後隨而從之彼見吾貌必有懼心晉人先陳鄭人隨之不知其虛實見車多必懼於是乎會之會合戰必大敗之從之卜戰龜焦兆不成樂丁曰詩曰爰始爰謀爰契我龜樂丁晉大夫詩大雅言先人事後卜筮謀協以故兆詢可也詢諮詢也故兆始納衛大子卜得吉兆言

今既謀同。可不須更卜。簡子誓曰。范氏中行氏反易天明。不事君也。斬艾百姓。欲擅晉國而滅其君。寡君恃鄭而保焉。今鄭爲不道。棄君助臣。二三子順天明。從君命。經德義。除詬恥。在此行也。克敵者。上大夫受縣。下大夫受郡。周書作雒篇。千里百縣。縣有四郡。○〔艾〕魚廢反。〔滅〕或作戕。音殘。〔詬〕呼豆反。又音苟。士田十萬。十萬畝也。庶人工商遂。得遂進仕。人臣隸圉免。去廝役。○〔廝〕又作斯。音同。艾草爲防者曰廝。汲水漿者曰役。志父無罪。君實圖之。志父。趙簡子之一名也。言已事濟。君當圖其賞。○志父。趙鞅。入晉陽以畔。後得歸。改名志父。春秋仍舊猶書趙鞅。若其有罪。絞縊以戮。絞所以縊人物。桐棺三寸。不設屬辟。屬辟。棺之重數。王棺四重。君再重。大夫一重。○〔屬〕音燭。次大棺也。〔辟〕步歷反。親身棺也。禮。大夫無辟。素車樸馬。以載柩。○

[樸]普卜反。無入于兆。兆，葬域。下卿之罰也。爲衆設賞，自設罰，所以能克敵。甲戌。將戰。郵無恤御簡子，衛大子爲右。郵無恤，王良也。登鐵上。鐵，丘名。望見鄭師衆，大子懼，自投于車下。子良授大子綏而乘之，曰：婦人也。言其怯。簡子巡列，曰：畢萬匹夫也。七戰皆獲，有馬百乘，死於牖下。畢萬，晉獻公卿也。皆獲有功，死於牖下，言得壽終。[乘]去聲。○羣子勉之，死不在寇。言有命。繁羽御趙羅，宋勇爲右。三子，晉大夫。羅無勇，麇之。麇，束縛也。[麇]丘隕反。○吏詰之，御對曰：痁作而伏。痁，瘧疾也。○[詰]音乞。[痁]詩占反。衛大子禱曰：曾孫蒯聵敢昭告皇祖文王。周文王，皇大也。○[禱]如字，一丁報反。烈祖康叔。烈，顯也。文祖襄公。繼業守文，故曰文祖。蒯聵，襄公之孫。鄭勝亂從。勝，鄭聲公名。釋君助

臣爲從於亂。晉午在難。○午，晉定公名。〔難〕乃旦反。不能治亂。使鞅討之。鞅，簡子名。蒯聵不敢自佚。備持矛焉。戎右持矛。敢告無絕筋。無折骨。無面傷。以集大事。無作三祖羞。集，成也。大命不敢請。佩玉不敢愛。不敢愛，故以祈禱。鄭人擊簡子中肩。斃于車中。斃，踣也。○〔中〕肩陟仲反。獲其蠭旗。蠭旗，旗名。○〔蠭〕音蜂。大子救之以戈。鄭師北。獲溫大夫趙羅。羅無勇，故鄭師雖北，猶獲羅。大子復伐之。鄭師大敗。獲齊粟千車。趙孟喜曰。可矣。趙孟，簡子也。喜大子前怯今更勇。○〔復〕扶又反。傅傁曰。雖克鄭。猶有知在。憂未艾也。傅傁，簡子屬也。言知氏將爲難。後竟有晉陽之患。○〔傁〕音叟。〔知〕音智。〔艾〕魚廢反。又五蓋反。初周人與范氏田。公孫尨稅焉。尨，范氏臣。爲范氏收周人所與田之稅。趙氏得而獻之。得龙以獻簡子。吏請殺之。趙孟曰。爲其主也。何罪。止而與之田。還其所稅。及鐵之戰。以徒五百人宵攻鄭師。取蠭旗於子姚之幕下。獻曰。請報主德。追鄭師。姚般公孫林殿而射。前列多死。晉前列。○姚般。子姚子。殿。丁電反。射。食亦反。趙孟曰。國無小。言雖小國。猶有善射者。既戰。簡子曰。吾伏弢嘔血。弢。弓衣。嘔。吐也。○弢。吐刀反。鼓音不衰。今日我上也。功爲上。大子曰。吾救主於車。退敵於下。我右之上也。郵良曰。我兩靷將絕。吾能止之。止使不絕。○靷。以刃反。我御之上也。駕而乘材。兩靷皆絕。材。橫木。明細小也。傳言簡子不讓。下自伐。吳洩庸如蔡納聘。而稍納師。師畢入。衆知之。元年。蔡請遷于吳。中悔。故因聘襲之。○洩。息列反。蔡侯告大

夫殺公子駟以說殺駟以說吳言不時遷駟之爲哭而遷墓將遷與先君辭故哭冬蔡遷于州來

經三年春齊國夏衛石曼姑帥師圍戚曼姑爲子圍父知其不義故推齊使爲兵首戚不稱衛非叛人○曼音萬夏四月甲午地震無傳五月辛卯桓宮僖宮災天火曰災季孫斯叔孫州仇帥師城啓陽無傳魯黨范氏故懼晉比年四城啓陽今琅邪開陽縣宋樂髡帥師伐曹無傳秋七月丙子季孫斯卒蔡人放其大夫公孫獵于吳無傳公子駟之黨冬十月癸卯秦伯卒無傳不書名未同盟叔孫州仇仲孫何忌帥師圍邾無傳

傳三年春齊衛圍戚求援于中山中山鮮虞夏五月辛卯

司鐸火（司鐸宮名）火踰公宮桓僖災（桓公僖公廟）救火者皆曰顧府（言常人愛財）南宮敬叔至命周人出御書俟於宮（敬叔孔子弟子南宮閱周人司周書典籍之官御書進於君者也使待命於宮）曰庀女而不在死（庀具也○庀匹婢反女音汝）子服景伯至命宰人出禮書（景伯子服何也宰人冢宰之屬）以待命命不共有常刑（待求之命）校人乘馬巾車脂轄（校人掌馬巾車掌車乘馬使四四相從為駕之易○校音效乘去聲下同為于僞反）百官官備府庫慎守官人肅給（國有火災恐有變難故慎為備）濟濡帷幕鬱攸從之（鬱攸火氣也濡物於水出用為濟○濟子細反又子禮反）蒙葺公屋（以濡物冒覆公屋）自大廟始外內以悛（悛次也先尊後卑以次救之○悛七全反）助所不給有不用命則有常刑無赦公父文伯至命

校人駕乘車。乘車，公車。季桓子至御公立于象魏之外。象魏，門闕。命救火者傷人則止財可爲也命藏象魏。周禮正月縣教令之法于象魏使萬民觀之故謂其書爲象魏。曰舊章不可亡也富父槐至曰無備而官辦者猶拾瀋也。槐富父終生之後。瀋汁也。言不備而責辦不可得。○[瀋]尺審反。於是乎去表之槀。表，表火道。風所向者去其槀積。○[去]起呂反。[積]子賜反。道還公宮。開除道周帀公宮使火無相連。○[還]又作環戶關反。孔子在陳聞火曰其桓僖乎。言桓僖親盡而廟不毀宜爲天所災。劉氏范氏世爲婚姻。劉氏周卿士。范氏晉大夫。萇弘事劉文公。爲之屬大夫。故周與范氏趙鞅以爲討。責周與范氏。六月癸卯周人殺萇弘。終違天之禍。秋季孫有疾命正常曰無死。正常，桓子之寵臣。欲付以後事。故勑令勿從己。

死。南孺子之子男也。則以告而立之。(南孺子季桓子之妻。言若生男。告公而立之。)女也。則肥也可。(肥康子也。)季孫卒。康子卽位。既葬。康子在朝。(在公朝也。)南氏生男。正常載以如朝。告曰。夫子有遺言。命其圉臣曰。南氏生男。則以告於君與大夫而立之。今生矣。男也。敢告。遂奔衛。康子請退。(退辟位也。)公使共劉視之。(共劉魯大夫。○〔共〕音恭。)則或殺之矣。乃討之。(討殺者。)召正常。正常不反。(畏康子也。傳備言季氏家事。)冬十月。晉趙鞅圍朝歌。師于其南。(范中行所在。)荀寅伐其郛。(伐其北郭圍。)使其徒自北門入。己犯師而出。(荀寅使在外救己之徒。擊趙氏圍之北門。因外內攻得出。)癸丑。奔邯鄲。十一月。趙鞅殺士臯夷。惡范氏也。(惡范氏而殺其族。言還怨。○〔惡〕烏路反。

經四年春王二月庚戌，盜殺蔡侯申。賤者，故稱盜。不言弒其君，賤盜也。○〔殺〕申志反。案宣十七年，蔡侯申卒，是文侯也。今昭侯是其玄孫，不容與高祖同名。未審何者誤。

蔡公孫辰出奔吳。弒君賊之黨，故書名。

葬秦惠公。無傳。

宋人執小邾子。無傳。邾子無道於其民，故稱人以執。

夏，蔡殺其大夫公孫姓、公孫霍。皆弒君黨。○〔姓〕音生。

晉人執戎蠻子赤歸于楚。晉恥為楚執諸侯，故稱人以告。若蠻子不道於其民也。赤本屬楚，故言歸。○〔為〕于僞反。

城西郛。無傳。魯西郛，備晉也。

六月辛丑，亳社災。無傳。天火也。亳社，殷社。諸侯有之，所以戒亡國。

秋八月甲寅，滕子結卒。無傳。同盟於皐鼬。

冬十有二月，葬蔡昭公。無傳。亂故，是以緩。

葬滕頃公。無傳。

傳四年春蔡昭侯將如吳諸大夫恐其又遷也承（承音懲蓋楚言也）公孫翩逐而射之入於家人而卒○（翩蔡大夫〔射〕食亦反）以兩矢門之衆莫敢進（翩以矢自守其門）文之鍇後至（鍇蔡大夫○〔鍇〕音楷又音皆）曰如牆而進多而殺二人（併行如牆俱進○〔併〕步頂反）鍇執弓而先翩射之中肘鍇遂殺之故逐公孫辰而殺公孫姓公孫盱（盱卽霍也〔盱〕況于反）○夏楚人既克夷虎（夷虎蠻夷叛楚者）乃謀北方左司馬眅申公壽餘葉公諸梁致蔡於負函（三子楚大夫也此蔡之故地人民楚因以爲邑致之者會其衆也○〔眅〕普版反又匹姦反〔葉〕始涉反）致方城之外於繒關（負函繒關皆楚地○〔繒〕才陵反）曰吳將泝江入郢（逆流曰泝）將奔命焉爲一昔之期襲梁及霍

（僞辭當備吳。夜結期。明日便襲梁霍。使不知之。梁。河南梁縣西南故城也。梁南有霍陽山。皆蠻子之邑也。）單浮餘圍蠻氏。蠻氏潰。（浮餘。楚大夫。○[單]音善。）蠻子赤奔晉陰地。（陰地。河南山北。自上雒以東至陸渾。○[渾]戶門反。）司馬起豐析與狄戎（楚司馬販也。析縣屬南鄉郡。析南有豐鄉。皆楚邑。發此二邑人及戎狄）以臨上雒。左師軍于菟和。（菟和山在上雒東也。○[菟]音徒。）右師軍于倉野。（倉野在上雒縣。）使謂陰地之命大夫士蔑。（命大夫。別縣監尹。○[監]古銜反。）曰晉楚有盟。好惡同之。若將不廢寡君之願也。不然將通於少習以聽命。（少習。商縣武關也。將大開武關道以伐晉。○[少]詩照反。）士蔑請諸趙孟。趙孟曰晉國未寧。安能惡於楚。必速與之。（未寧。時有范中行之難。）士蔑乃致九州之戎。（九州戎。在晉陰地陸渾者。）將裂田以與蠻子而城之。以詐鑾子。且將爲之卜。卜城。○〔爲〕于僞反。鑾子聽卜。遂執之。與其五大夫以畀楚師于三戶。今丹水縣北三戶亭。司馬致邑立宗焉。以誘其遺民。楚復詐爲鑾子作邑。立其宗主。而盡俘以歸。秋。七月。齊陳乞。弦施。衛甯跪救范氏。陳乞。僖子。弦施。弦多。庚午。圍五鹿。五鹿。晉邑。九月。趙鞅圍邯鄲。冬。十一月。邯鄲降。荀寅奔鮮虞。趙稷奔臨。臨。晉邑。○〔降〕戶江反。十二月。弦施逆之。遂墮臨。國夏伐晉。取邢。任。欒。鄗。逆時。陰人。盂。壺口。八邑。晉地。欒在趙國平棘縣西北。鄗卽高邑縣也。路縣東有壺口關。○〔墮〕許規反。〔任〕音壬。〔鄗〕呼洛反。〔時〕音止。會鮮虞納荀寅于柏人。晉邑也。今趙國柏人縣也。弦施與鮮虞會也。

經。五年。春。城毗。無傳。備晉也。夏。齊侯伐宋。無傳。晉趙鞅帥師伐衛。秋。九月。癸酉。齊侯杵臼卒。再同盟也。冬。叔還如齊。閏月。葬齊景公。無傳。

傳。五年。春。晉圍柏人。荀寅。士吉射奔齊。初。范氏之臣王生惡張柳朔。言諸昭子。使爲柏人。爲柏人宰也。昭子。范吉射。○(惡)去聲。下同。昭子曰。夫非而讎乎。對曰。私讎不及公。公家之事也。○(夫)音扶。好不廢。過惡不去。善義之經也。臣敢違之。及范氏出。出柏人奔齊。○(好)呼報反。(去)起呂反。張柳朔謂其子爾從主。勉之。我將止死。王生授我矣。授我死節。吾不可以僭之。遂死於柏人。爲吉射距晉戰死。夏。趙鞅伐衛。范氏之故也。遂圍中牟。衛助范氏故也。齊燕姬生子。不成而死。燕姬。景公夫人。不成。未冠也。○(燕)於賢反。

諸子鬻姒之子荼嬖諸子庶公子也鬻姒景公妾荼安孺子○(鬻)音育(荼)音舒又音徒諸大夫恐其爲大子也言於公曰君之齒長矣未有大子若之何公曰二三子閒於憂虞則有疾疢亦姑謀樂何憂於無君景公意欲立荼而未發故以此言塞大夫請○(長)上聲(閒)音閑又音諫(疢)勑覲反(樂)音洛公疾使國惠子高昭子立荼惠子國夏昭子高張寘羣公子於萊萊齊東鄙邑秋齊景公卒冬十月公子嘉公子駒公子黔奔衛公子鉏公子陽生來奔皆景公子在萊者○(黔)巨廉反又音琴萊人歌之曰景公死乎不與埋三軍之事乎不與謀師乎師乎何黨之乎師衆也黨所也之往也稱謚蓋葬後而爲此歌哀羣公子失所○(與)音預鄭駟秦富而侈嬖大夫也而常陳

鄉之車服於其庭鄭人惡而殺之子思曰詩曰不解于位民之攸塈子思子產子國參也詩大雅攸所也塈息也○〔解〕佳賣反〔塈〕許器反不守其位而能久者鮮矣商頌曰不僭不濫不敢怠皇命以多福僭差也濫溢也皇暇也言駟秦違詩商頌故受禍○〔鮮〕息淺反

經六年春城郲無傳備晉也任城亢父縣北有郲婁城○〔亢〕苦浪反又音剛晉趙鞅帥師伐鮮虞吳伐陳夏齊國夏及高張來奔二子阿君廢長立少既受命又不能全書名罪之也叔還會吳于柤無傳○〔柤〕莊加反秋七月庚寅楚子軫卒未同盟而赴以名齊陽生入于齊爲陳乞所逆故書入齊陳乞弒其君荼弒荼者朱毛與陽生也而書陳乞所以明乞立陽生而荼見弒則禍由乞始也楚比劫立陳乞流涕子家憚老皆疑於免罪故春秋明而書之以爲弒主冬仲

孫何忌帥師伐邾。無傳。宋向巢帥師伐曹。無傳。

傳。六年。春。晉伐鮮虞。治范氏之亂也。四年鮮虞納荀寅于柏人。吳伐陳。復脩舊怨也。元年未得志故也。○復扶又反。楚子曰。吾先君與陳有盟。不可以不救。乃救陳。師于城父。陳盟在昭十三年。齊陳乞僞事高國者。高張國夏受命立荼。陳乞欲害之。故先僞事焉。每朝必驂乘焉。所從必言諸大夫。言其罪過。○乘去聲。後同。曰。彼皆偃蹇。將弃子之命。偃蹇。驕敖。皆曰。高國得君。得君寵也。必偪我。盍去諸。固將謀子。子早圖之。圖之莫如盡滅之。需。事之下也。需。疑也。○去。起呂反。下同。及朝。則曰。彼虎狼也。見我在子之側。殺我無日矣。請就之位。欲與諸大夫謀高國。故求就之。又謂諸大夫曰二子者禍矣恃得君而欲謀二三子曰國之多難貴寵之由盡去之而後君定既成謀矣盍及其未作也先諸作而後悔亦無及也大夫從之夏六月戊辰陳乞鮑牧（牧，鮑圉孫）及諸大夫以甲入于公宮昭子聞之與惠子乘如公戰于莊敗（高國敗也莊六軌之道）國人追之國夏奔莒遂及高張晏圉弦施來奔（圉晏嬰之子圉施不書非卿）秋七月楚子在城父將救陳卜戰不吉卜退不吉王曰然則死也再敗楚師不如死（前已敗於柏舉今若退還亦是敗）弃盟逃讎亦不如死死一也其死讎乎命公子申爲王不可則命公子結亦不可則命公子啓（申子西結子期啓子閭皆昭王兄）

五辭而後許將戰王有疾庚寅昭王攻大冥卒于城父（大冥陳地吳師所在）子閭退曰君王舍其子而讓羣臣敢忘君乎從君之命順也（從命許立）立君之子亦順也二順不可失也與子西子期謀潛師閉塗逆越女之子章立之而後還（潛師密發也閉塗不通外使也越女昭王妾章惠王）是歲也有雲如衆赤鳥夾日以飛三日楚子使問諸周大史周大史曰其當王身乎（日爲人君妖氣守之故以爲當王身雲在楚上唯楚見之故禍不及他國）若禜之可移於令尹司馬（禜禳祭〔禜〕音詠）○王曰除腹心之疾而寘諸股肱何益不穀不有大過天其夭諸有罪受罰又焉移之遂弗禜初昭王有疾卜曰河爲祟王

弗祭。大夫請祭諸郊。王曰。三代命祀。祭不越望。（諸侯望祀竟內山川星辰。）江漢雎漳。楚之望也。（四水在楚界。○〔雎〕七餘反。）禍福之至。不是過也。不穀雖不德。河非所獲罪也。遂弗祭。孔子曰。楚昭王知大道矣。其不失國也宜哉。夏書曰。惟彼陶唐。帥彼天常。（逸書。言堯循天之常道。）有此冀方。今失其行。亂其紀綱。乃滅而亡。（滅亡謂夏桀也。唐虞及夏同都冀州。不易地而亡。由於不知大道故。○〔行〕如字。又下孟反。）又曰。允出茲在茲。由己率常可矣。（又逸書。言信出己則福亦在己。）八月。齊邴意茲來奔。（高國黨。）陳僖子使召公子陽生。（召在七月。今在八月下。記事之次。）陽生駕而見南郭且于。（且于齊公子鉏在魯南郭。○〔且〕子餘反。）曰。嘗獻馬於季孫。不入於上乘。故又獻此請與子乘之畏在家人聞其言故欲二人共載以試馬爲辭○上〔乘〕繩證反出萊門而告之故魯郭門也闞止知之先待諸外闞止陽生家臣子我也待外欲俱去公子曰事未可知反與壬也處壬陽生子簡公戒之遂行戒使無洩言逮夜至於齊國人知之故以昏至不欲令人知也國人知而不言言陳氏得衆僖子使子士之母養之隱於僖子家內子士母僖子妾與饋者皆入陳僖子又令陽生隨饋食之人入處公宮冬十月丁卯立之將盟盟諸大夫鮑子醉而往其臣差車鮑點點鮑牧臣也差車主車之官○〔差〕所宜反〔點〕音沾又如字曰此誰之命也陳子曰受命于鮑子遂誣鮑子曰子之命也見其醉故誣之鮑子曰女忘君之爲孺子牛而折其齒乎而背之也孺子荼也景公嘗銜繩爲牛使荼牽之荼

頓地故折其齒〇[折]之舌反又市列反悼公稽首悼公陽生曰吾子奉義而行者也若我可不必亡一大夫言己可為君必不怨鮑子若我不可不必亡一公子公子自謂也恐鮑子殺己故要之〇[要]一遙反義則進否則退敢不唯子是從廢興無以亂則所願也鮑子曰誰非君之子乃受盟言陽生亦君之子固可立使胡姬以安孺子如賴胡姬景公妾也賴齊邑安號也去鬻姒荼之母〇[去]起呂反殺王甲拘江說因王豹于句竇之丘三子景公嬖臣荼之黨也〇[說]音悅[句]音鉤公使朱毛告於陳子朱毛齊大夫曰微子則不及此然君異於器不可以二器二不匱君二多難敢布諸大夫僖子不對而泣曰君舉不信羣臣乎舉皆也〇[難]乃旦反以齊國之

困。困又有憂。內有飢荒之困。又有兵革之憂。少君不可以訪。是以求長君。庶亦能容羣臣乎。不然。夫孺子何罪。毛復命。公悔之。悔失言。毛曰。君大訪於陳子而圖其小可也。大謂國政。小謂殺荼。使毛遷孺子於駘。不至。殺諸野幕之下。葬諸殳冒淳。恐駘人不從。故毛駐於野。張帳而殺之。駘。齊邑。殳冒淳。地名。實以冬殺。經書秋者。史書秋。記始事。遂連其死。通以冬告魯。○[駘]他才反。又徒來反。[殳]音殊。

經七年。春。宋皇瑗帥師侵鄭。晉魏曼多帥師侵衛。夏。公會吳于鄫。鄫。今琅邪鄫縣。○[瑗]于眷反。[鄫]才陵反。秋。公伐邾。八月。己酉。入邾。以邾子益來。他國言歸。於魯言來。外內之辭。宋人圍曹。冬。鄭駟弘帥師救曹。

傳七年春宋師侵鄭鄭叛晉故也（定八年鄭始叛）晉師侵衛衛不服也（五年晉伐衛至今未服）夏公會吳于鄫（吳欲霸中國）吳來徵百牢子服景伯對曰先王未之有也吳人曰宋百牢我（是時吳過宋得百牢）魯不可以後宋且魯牢晉大夫過十（晉大夫范鞅也在昭二十一年）吳王百牢不亦可乎景伯曰晉范鞅貪而弃禮以大國懼敝邑故敝邑十一牢之君若以禮命於諸侯則有數矣（有常數）若亦弃禮則有淫者矣（淫過也）周之王也制禮上物不過十二（上物天子之牢）以爲天之大數也（天有十二次故制禮象之）今弃周禮而曰必百牢亦唯執事吳人弗聽景伯曰吳將亡矣弃天而背本（違周爲背

本。不與必弃疾於我。放弃凶疾來伐擊我。乃與之大宰嚭召季康子。嚭吳大夫。康子使子貢辭大宰嚭曰國君道長蓋言君長大於道路。[長]丁丈反。○而大夫不出門此何禮也對曰豈以爲禮畏大國也。畏大國不敢虛國盡行。大國不以禮命於諸侯苟不以禮豈可量也。寡君既共命焉其老豈敢弃其國大伯端委以治周禮仲雍嗣之斷髮文身臝以爲飾豈禮也哉有由然也。大伯周大王之長子。仲雍大伯弟也。大伯仲雍讓其弟季歷俱適荊蠻。遂有民衆。大伯卒。無子。仲雍嗣立。不能行禮致化。故效吳俗。言其權時制宜以辟災害。非以爲禮也。端委。禮衣也。○[共]音恭。[斷]丁管反。[臝]力果反。反自鄶以吳爲無能爲也。弃禮知其不能霸也。季康子欲伐邾乃饗大夫以謀之子服景伯曰。小所以事大信也。大所以保小仁也。背大國不信。大國吳也。伐小國不仁。民保於城。城保於德。失二德者危。將焉保。二德信與仁也。孟孫曰。二三子以爲何如。怪諸大夫不言。故指問之。惡賢而逆之。孟孫賢景伯。欲使大夫不逆其言。惡猶安也。○(惡)音烏。對曰。禹合諸侯於塗山。執玉帛者萬國。諸大夫對也。諸侯執玉。附庸執帛。塗山在壽春東北。今其存者無數十焉。唯大不字小。小不事大也。言諸侯相伐。古來以然。○(數)所主反。知必危。何故不言。知伐邾必危。自當言。今不言者不危故也。大夫以荅孟孫所怪。且阿附季孫。魯德如邾。而以衆加之可乎。孟孫忿荅大夫。今魯德無以勝邾。但欲恃衆可乎。言不可。不樂而出。季孟意異。矦直不同。故罷饗。○(樂)音岳。一音洛。秋伐邾。及范門。邾郭門也。猶聞鐘聲。邾不禦寇。大夫諫不聽茅成子請告於吳（成子邾大夫茅夷鴻）不許曰魯擊柝聞於邾（言以近○[聞]音問又如字）吳二千里不三月不至何及於我且國內豈不足（言足以距魯）成子以茅叛（高平西南有茅鄉亭）師遂入邾處其公宮衆師晝掠（虜掠取財物也○[掠]音亮）邾衆保于繹（繹邾山也在鄒縣北）師宵掠以邾子益來（益邾隱公也晝夜掠傳言康子無法）獻于亳社（以其亡國與殷同）因諸負瑕負瑕故有繹（負瑕魯邑高平南平陽縣西北有瑕丘城前者魯得邾之繹民使在負瑕故使相就以辱之）邾茅夷鴻以束帛乘韋自請救於吳（無君命故言自○[乘]去聲下同）曰魯弱晉而遠吳馮恃其衆（馮依○[馮]音憑）而背君之盟辟君之執事（辟陋○[辟]匹亦反）以陵我小國邾非敢自愛也懼君威之不立

君威之不立小國之憂也若夏盟於鄫衍鄫衍即鄫也鄫盟不
書吳行夷禮禮儀不典非所以結信義故不錄秋而背之成求而不違言魯成其
所求無違逆也四方諸侯其何以事君且魯賦八百乘君之
貳也貳敵也魯以八百乘之賦貢於吳言其國大邾賦六百乘君之私也
爲私屬以私奉貳唯君圖之吳子從之爲明年吳伐我傳宋人
圍曹鄭桓子思曰宋人有曹鄭之患也不可以不救
桓謚冬鄭師救曹侵宋初曹人或夢衆君子立于社宮
社宮社也而謀亡曹曹叔振鐸請待公孫彊許之振鐸曹始祖
旦而求之曹無之戒其子曰我死爾聞公孫彊爲政
必去之及曹伯陽卽位好田弋曹鄙人公孫彊好弋

獲白鴈獻之且言田弋之說說之因訪政事大說之
有寵使爲司城以聽政夢者之子乃行彊言霸說於
曹伯曹伯從之乃背晉而奸宋宋人伐之晉人不救
築五邑於其郊曰黍丘揖丘大城鍾邘爲明年入曹傳也梁國下
邑縣西南有黍丘亭○[說]如字[說]之音悅霸[說]如字又始銳反[揖]音集一於入反[邘]音于
經八年春王正月宋公入曹以曹伯陽歸曹人背晉而奸宋是
以致討宋公既還而不忍褚師之詬怒而反兵一舉滅曹滅非本志故以入告吳伐我夏齊
人取讙及闡不書伐兵未加而魯與之邑闡在東平剛縣北○[讙]音歡[闡]尺善反歸邾
子益于邾秋七月冬十有二月癸亥杞伯過卒無傳未同
盟而赴以名○[過]古禾反齊人歸讙及闡不言來命歸之無旨使也○[使]所吏反

傳八年春宋公伐曹將還褚師子肥殿子肥宋大夫○[殿]丁練反曹人詬之不行詬詈辱也不行殿兵止也○[詬]呼豆反師待之公聞之怒命反之遂滅曹執曹伯及司城彊以歸殺之終曹人之夢吳爲邾故將伐魯問於叔孫輒問可伐不輒故魯人叔孫輒對曰魯有名而無情有大國名無情實伐之必得志焉退而告公山不狃不狃亦故魯人公山不狃曰非禮也君子違不適讎國違奔亡也未臣而有伐之奔命焉死之可也未臣所適之國若有伐本國者則可還奔命死其難所託也則隱曾所因託則爲之隱惡且夫人之行也不以所惡廢鄉不以其私怨惡廢其鄉黨之好○[夫]音扶[行]下孟反又如字[惡]烏路反又如字今子以小惡而欲覆宗國不亦難乎

輒。魯公族。故謂之宗國。若使子率子必辭王將使我子張病之子張。輒也。王問於子洩子洩。不狃。對曰魯雖無與立緩時若無能自立。必有與斃急則人人知懼。皆將同死戰。諸侯將救之未可以得志焉晉與齊楚輔之是四讎也與魯而四。夫魯齊晉之脣脣亡齒寒君所知也不救何爲三月吳伐我子洩率故道險從武城故由險道。欲使魯成備。初武城人或有因於吳竟田焉僑田吳界。拘鄫人之漚菅者曰何故使吾水滋鄫人亦僑田吳。滋。濁也。○〔漚〕烏豆反。〔菅〕古顏反。〔滋〕音玄。又本作茲。子絲反。字林云黑也。及吳師至拘者道之以伐武城克之鄫人教吳必可克。王犯嘗爲之宰澹臺子羽之父好焉國人懼王犯。吳大夫。故嘗奔魯。爲武城宰。澹臺子羽。武城人。

孔子弟子也。其父與王犯相善。國人懼其爲內應。○[憺]待甘反。懿子謂景伯若之何。對曰吳師來斯與之戰何患焉。且召之而至又何求焉。言犯盟伐邾所以召吳。吳師克東陽而進舍於五梧。明日舍於蠶室。三邑魯地。公賓庚公甲叔子與戰于夷。獲叔子與析朱鉏。公賓庚。公甲叔子。弁析朱鉏。爲三人。皆同車。傳互言之。獻於王。王曰此同車。必使能。國未可望也。同車能俱死。是國能使人。故不可望得。明日舍于庚宗。遂次於泗上。微虎欲宵攻王舍。微虎魯大夫。私屬徒七百人三踊於幕庭。於張前設格。令士試躍之。○[屬]音燭。[令]力呈反。卒三百人有若與焉。卒終也。終得三百人任行。有若孔子弟子。與在三百人中。○[與]音預。[任]音壬。及稷門之內。三百人行至稷門。或謂季孫曰不足以害吳而多殺國士不如已也乃止之吳子聞之一夕三遷（畏微虎也。[三]息暫反。）○吳人行成（求與魯成。）將盟景伯曰楚人圍宋易子而食析骸而爨（在宣十五年。）猶無城下之盟我未及虧而有城下之盟是弃國也吳輕而遠不能久將歸矣請少待之弗從景伯負載造於萊門（以言不見從，故負載書，將欲出盟。○[輕]去聲。[造]七報反。）乃請釋子服何於吳吳人許之以王子姑曹當之而後止（釋，舍也。魯人不以盟爲了，欲因留景伯爲質於吳，既得吳之許，復求吳王之子以交質，吳人不欲留王子，故遂兩止。）吳人盟而還（不書盟，恥吳夷。）齊悼公之來也（在五年。）季康子以其妹妻之即位而逆之季魴侯通焉（魴侯，康子叔父。○[魴]音房。）女言其情弗敢與也齊侯怒夏五月齊鮑牧帥師伐我取讙及闡或譖胡姬於齊侯胡姬景公妾曰安孺子之黨也六月齊侯殺胡姬傳言齊侯無道所以不終齊侯使如吳請師將以伐我乃歸邾子齊未得季姬故請師也吳前為邾討魯懼二國同心故歸邾子邾子又無道吳子使大宰子餘討之子餘大宰嚭囚諸樓臺栫之以棘栫擁也○[栫]在薦反使諸大夫奉大子革以為政革邾大子桓公也為十年邾子來奔傳秋及齊平九月臧賓如如齊涖盟賓如臧會子齊閭丘明來涖盟明閭丘嬰之子也盟不書諱略之且逆季姬以歸嬖季姬魴侯所通者鮑牧又謂羣公子曰使女有馬千乘乎有馬千乘使為君也鮑牧本不欲立陽生故諷動羣公子○[女]音汝[乘]去聲公子愬之公謂鮑子或譖

子子姑居於潞以察之（潞，齊邑。）若有之則分室以行若無之則反子之所出門使以三分之一行半道使以二乘及潞麇之以入遂殺之（麇，亦束縛。○[麇]丘隕反。）冬十二月齊人歸讙及闡季姬嬖故也

經九年春王二月葬杞僖公（無傳。三月而葬，速。）宋皇瑗帥師取鄭師于雍丘（書取，覆而敗之。雍丘縣屬陳留。○[雍]於勇反。）夏楚人伐陳

秋宋公伐鄭冬十月

傳九年春齊侯使公孟綽辭師于吳（齊與魯平，故辭吳師。）吳子曰昔歲寡人聞命今又革之不知所從將進受命於君（為十年吳伐齊傳。）鄭武子賸之嬖許瑕求邑無以與之（賸，罕

達也。瑕武子之屬。請外取。許之。瑕請取於他國也。故圍宋雍丘。宋皇瑗圍鄭師。許瑕師。每日遷舍。作壘壍成，輒徙舍合其圍。壘合，鄭師哭。子姚救之，大敗。子姚，武子賸也。二月甲戌，宋取鄭師于雍丘，使有能者無死。惜其能也。以郟張與鄭羅歸。鄭之有能者。○〔郟〕古洽反。夏，楚人伐陳，陳卽吳故也。宋公伐鄭。報雍丘。秋，吳城邗，溝通江淮。於邗江築城穿溝，東北通射陽湖，西北至宋口入淮，通糧道也。今廣陵韓江是。○〔邗〕音寒。〔射〕食亦反，又音亦。晉趙鞅卜救鄭，遇水適火。水之火。占諸史趙、史墨、史龜。皆晉史。史龜曰：是謂沈陽。火陽得水，故沈。可以興兵。兵陰類也，故可以興兵。利以伐姜，不利子商。姜，齊姓，子商謂宋。伐齊則可，敵宋不吉。史墨曰：盈，水名也。子，水位也。趙鞅姓盈，宋姓子。水盈坎乃行。子姓。又得北方水位。名位敵。不可干也。二水俱盛。故言不可干。炎帝為火師。神農有火瑞。以火名官。姜姓其後也。水勝火。伐姜則可。史趙曰。是謂如川之滿。不可游也。既盈而得水位。故為如川之滿。不可馮游。言其波流盛。○〔馮〕皮冰反。鄭方有罪。不可救也。鄭以嬖寵伐人。故以為有罪。救鄭則不吉。不知其他。救鄭則當伐宋。故不吉也。陽虎以周易筮之。遇泰䷊乾下坤上。泰。之需䷄乾下坎上。需。泰六五變。曰宋方吉。不可與也。不可與戰。泰六五曰。帝乙歸妹。以祉元吉。帝乙。紂父。立為天子。故稱帝乙。陰而得中。有似王者嫁〔妹〕得如其願。受福祿而大吉。微子啟。帝乙之元子也。宋鄭。甥舅也。宋鄭為昏姻。甥舅之國。宋為微子之後。今卜得帝乙卦。故以為宋吉。祉祿也。若帝乙之元子歸妹而有吉祿。我安得吉焉。乃止。吉在彼則我伐之爲不吉。冬。吳子使來儆師伐齊。前年齊與吳謀伐魯。齊既與魯成而止。故吳恨之。反與魯謀伐齊。

經十年春。王二月。邾子益來奔。公會吳伐齊。書會。從不與謀。三月戊戌。齊侯陽生卒。以疾赴。故不書弒。夏。宋人伐鄭。無傳。晉趙鞅帥師侵齊。五月。公至自伐齊。無傳。葬齊悼公。無傳。衞公孟彄自齊歸于衞。無傳。書歸。齊納之。○[彄]苦侯反。薛伯夷卒。無傳。赴以名。故書。秋。葬薛惠公。無傳。冬。楚公子結帥師伐陳。吳救陳。季子不書。陳人來告不以名。

傳十年春。邾隱公來奔。齊甥也。故遂奔齊。終子貢之言。公會吳子。邾子。郯子伐齊南鄙。師于鄎。鄎。齊地。邾郯不書。兵幷屬吳。不

（列於諸侯。○〔郯〕音談。〔鄎〕音息。）齊人弒悼公。赴于師。（以說吳。）吳子三日哭于軍門之外。徐承帥舟師將自海入齊。齊人敗之。吳師乃還。（承。吳大夫。）夏。趙鞅帥師伐齊。（經書侵。以侵告。）大夫請卜之。趙孟曰。吾卜於此起兵。（謂往歲卜伐宋不吉。利以伐姜。故今興兵。）事不再令。（再令。瀆也。）卜不襲吉。（襲。重也。）行也。於是乎取犁及轅。（犁一名隰。濟南有隰陰縣。祝阿縣西有轅城。○〔轅〕音袁。一于眷反。）毀高唐之郭。侵及賴而還。秋。吳子使來復儆師。（伐齊未得志。故為明年伐齊傳。○〔復〕扶又反。）冬。楚子期伐陳。（陳即吳故。）吳延州來季子救陳。謂子期曰。二君不務德。（二君。吳楚。）而力爭諸侯。民何罪焉。我請退。以為子名。務德而安民。乃還。（季子。吳王壽夢少子也。壽夢以襄十二年卒。至今七十七

珍倣宋版印

歲。壽夢卒。季子已能讓國。年當十五六。至今蓋九十餘。○〔夢〕音蒙。

經。十有一年。春。齊國書帥師伐我。夏。陳轅頗出奔鄭。書名。貪也。○〔頗〕破可反。又普多反。五月。公會吳伐齊。甲戌。齊國書帥師及吳戰于艾陵。齊師敗績。獲齊國書。公與伐而不與戰。艾陵。齊地。秋。七月。辛酉。滕子虞毋卒。無傳。赴以名。故書之。冬。十有一月。葬滕隱公。無傳。衛世叔齊出奔宋。書名。淫也。

傳。十一年。春。齊爲鄎故。鄎在前年。國書高無丕帥師伐我。及清。清。齊地。濟北盧縣東有清亭。○〔丕〕普悲反。季孫謂其宰冉求。冉求。魯人。孔子弟子。曰。齊師在清。必魯故也。若之何。求曰。一子守。二子從公禦諸竟。季孫曰。不能。自度力不能使二子禦諸竟。○〔守〕去聲。〔從〕如字。又去聲(竟)音境。求曰。居封疆之閒。封疆竟內近郊之地。季孫告二子。二子叔孫孟孫也。二子不可。求曰。若不可。則君無出。一子帥師背城而戰。不屬者。非魯人也。屬臣屬也。言不戰為不臣。魯之羣室衆於齊之兵車。羣室都邑居家。一室敵車優矣。子何患焉。二子之不欲戰也宜。政在季氏。言二子恨季氏專政。故不盡力。當子之身。齊人伐魯而不能戰。子之恥也。大不列於諸侯矣。季孫使從於朝。使冉求隨己之公朝。俟於黨氏之溝。黨氏溝。朝中地名。○(黨)音掌。武叔呼而問戰焉。問冉求。對曰。君子有遠慮。小人何知。懿子强問之。對曰。小人慮材而言。量力而共者也。言子所問非己材力所及。故不能言。○(彊)其丈反。(共)音恭。武叔曰。是謂我不成丈夫也。知冉求非己不欲戰故不對退而蒐乘。蒐閱。孟孺子洩帥右師孺子孟懿子之子武伯彘。顏羽御邴洩爲右。二子孟氏臣。冉求帥左師管周父御樊遲爲右。樊遲魯人孔子弟子樊須。○[帥]音率。季孫曰須也弱。有子曰就用命焉。雖年少能用命。有子冉求也。○[少]詩照反。季氏之甲七千。冉有以武城人三百爲己徒卒。步卒精兵。老幼守宮次于雩門之外。南城門也。五日右師從之。五日乃從言不欲戰。公叔務人。務人公爲昭公子。見保者而泣。保守城者。曰事充。繇役煩。政重賦稅多。上不能謀。士不能死。何以治民。吾既言之矣。敢不勉乎。既言人不能死己不敢不死。師及齊師戰于郊。齊師自稷曲。稷曲郊地名。師不踰溝。樊遲曰。非不能也。不信子也。請三刻而踰之。與衆三刻約信。如之衆從之。如樊遲言。乃踰溝。師入齊軍。冉求之師。右師奔齊人從之。逐右師。陳瓘陳莊涉泗二陳齊大夫。○[瓘]古喚反。孟之側後入以爲殿之側孟氏族也。字反。抽矢策其馬曰馬不進也。不欲伐齊。林不狃之伍曰走乎。不狃魯士。五人爲伍。敗而欲走。不狃曰誰不如。我不如誰。而欲走。曰然則止乎。不狃曰惡賢。言止戰惡足爲賢。皆無戰志。○[惡]音烏。徐步而死。徐行而死。言魯非無壯士。但季孫不能使。師獲甲首八十。冉求所得。齊人不能師。不能整其師。宵諜曰齊人遁。諜閒也。冉有請從之三。季孫弗許。孟孺子語人曰我不如顏羽而賢於邴洩。二子與孟孺子同車。○[語]魚據反。子羽銳敏。子羽顏羽。銳精也。敏疾也。言欲戰。我不欲戰而能默。心雖不欲。口不言奔。

洩曰驅之。言驅馬欲奔。公爲與其嬖僮汪錡乘皆死皆殯。皆俱也。○[僮]音童[錡]魚綺反[乘]繩證反。孔子曰能執干戈以衛社稷可無殤也。時人疑童子當殤。冉有用矛於齊師故能入其軍孔子曰義也。言能以義勇。不書戰。不皆陳也。不書敗。勝負不殊。夏陳轅頗出奔鄭。初轅頗爲司徒賦封田以嫁公女。封內之田悉賦稅之。有餘以爲己大器。大器。鐘鼎之屬。國人逐之故出道渴其族轅咺進稻醴粱糗腶脯焉。糗。乾飯也。○[糗]起九反一昌紹反[腶]丁亂反。喜曰何其給也。對曰器成而具。具此醴糗。曰何不吾諫。對曰懼先行。恐言不從。先見逐。爲郊戰故公會吳子伐齊。欲以報也。○[爲]去聲。五月克博。壬申至于嬴。博嬴。齊邑也。二縣皆屬泰山。中軍從王。吳中軍。

胥門巢將上軍。王子姑曹將下軍。展如將右軍。三將吳大
夫。齊國書將中軍。高無丕將上軍。宗樓將下軍。陳僖
子謂其弟書。爾死。我必得志。書。子占也。欲獲死事之功。宗子陽與
閭丘明相厲也。相勸厲致死。子陽。宗樓也。桑掩胥御國子。國子。國書。公
孫夏曰。二子必死。亦勸勉之。將戰。公孫夏命其徒歌虞殯。
虞殯。送葬歌曲。示必死。陳子行命其徒具含玉。子行。陳逆也。具含玉。亦示必死。
○[行]如字。又戶郎反。公孫揮命其徒曰。人尋約。吳髮短。約。繩也。八尺爲尋。
尋。吳髮短。欲以繩貫其首。東郭書曰。三戰必死。於此三矣。三戰。夷儀。五氏。
與今。使問弦多以琴。弦多。齊人也。六年奔魯。問。遺也。曰。吾不復見子矣。
言將死戰。陳書曰。此行也。吾聞鼓而已。不聞金矣。鼓以進軍。金以

退軍。不聞金。言將死也。傳言吳師獲齊人皆自知將敗。甲戌戰于艾陵展如敗高子齊上軍敗。國子敗胥門巢吳上軍亦敗。王卒助之大敗齊師獲國書公孫夏閭丘明陳書東郭書革車八百乘甲首三千以獻于公公以兵從故以勞公○(從)才用反又如字(勞)力報反將戰吳子呼叔孫叔孫武叔州仇曰而事何也問何職對曰從司馬從吳司馬所命王賜之甲劍鈹曰奉爾君事敬無廢命叔孫未能對衛賜進賜子貢孔子弟子也○(鈹)普悲反曰州仇奉甲從君而拜拜受之公使大史固歸國子之元歸於齊也元首也吳以獻魯寘之新篋褽之以玄纁褽薦也(褽)音尉○加組帶焉寘書于其上曰天若不識不衷何以使下國言天識不善故殺國子吳將伐齊越子率其衆以朝焉王及列士皆有饋賂吳人皆喜唯子胥懼曰是豢吳也夫豢養也若人養犧牲非愛之將殺之諫曰越在我心腹之疾也壤地同而有欲於我欲得吳夫其柔服求濟其欲也不如早從事焉從事擊之得志於齊猶獲石田也無所用之石田不可耕越不爲沼吳其泯矣使醫除疾而曰必遺類焉者未之有也盤庚之誥曰其有顚越不共則劓殄無遺育無俾易種于茲邑盤庚商書也顚越不共從橫不承命者也劓割也殄絕也育長也俾使也易種轉生種類○〔劓〕音藝〔種〕章勇反〔從〕子容反是商所以興也今君易之將以求大不亦難乎弗聽使於齊屬其子於鮑氏爲王孫氏私使人至齊屬以其

反役（子改姓爲王孫欲辟吳禍。○[屬]音燭，下同。）。王聞之，使賜之屬鏤以死（艾陵役也。屬鏤，劍名。○[鏤]音閭，又音婁。）。將死，曰：「樹吾墓檟，檟可材也。吳其亡乎。三年，其始弱矣。盈必毁，天之道也（越人朝之，伐齊勝之，盈之極也。爲十三年越伐吳起。）。」秋，季孫命脩守備，曰：「小勝大禍也，齊至無日矣（善有備。○[守]手又反。）。」

冬，衞大叔疾出奔宋（疾卽齊也。）。初，疾娶于宋子朝（子朝，宋人，仕衞爲大夫。），其娣嬖（娣，所娶女之娣。）。子朝出（出奔。），孔文子使疾出其妻而妻之。疾使侍人誘其初妻之娣，寘於犂（犂，衞邑。○[妻]之，去聲。），而爲之一宮，如二妻。文子怒，欲攻之，仲尼止之。遂奪其妻。或淫于外州，外州人奪之軒以獻（外州，衞邑。軒，車也。以獻於君。），恥是二者，故出。衞人立遺，使室孔姞遺疾之弟孔姞孔文子之女疾之妻○[姞]其乙反疾臣向魋為宋向魋臣○[魋]徒回反納美珠焉與之城鉏城鉏宋邑宋公求珠魋不與由是得罪及桓氏出出在十四年城鉏人攻大叔疾衛莊公復之聽使還使處巢死焉殯於鄖葬於少禘終言疾之失所也巢鄖少禘皆衛地○[鄖]音云初晉悼公子慭亡在衛使其女僕而田僕御田獵○[慭]魚覲反一征領反大叔懿子止而飲之酒懿子大叔儀之孫○[飲]於鴆反遂聘之生悼子悼子大叔疾悼子即位故夏戊為大夫夏戊悼子之甥悼子亡衛人翦夏戊翦削其爵邑孔文子之將攻大叔也訪於仲尼仲尼曰胡簋之事則嘗學之矣胡簋禮器名夏曰胡周曰簋甲兵之事未之聞也退命駕而行曰

鳥則擇木木豈能擇鳥以鳥自喻文子遽止之曰圉豈敢度其私訪衛國之難也圉文子名度謀也○[度]入聲下同[難]去聲將止仲尼止魯人以幣召之乃歸於是自衛反魯樂正雅頌各得其所季孫欲以田賦丘賦之法因其田財通出馬一疋牛三頭今欲別其田及家財各爲一賦故言田賦○[別]如字又彼列反使冉有訪於仲尼仲尼曰丘不識也三發三發問卒曰卒終也子爲國老待子而行若之何子之不言也仲尼不對不公荅而私於冉有曰君子之行也行政事度於禮施取其厚事舉其中斂從其薄如是則以丘亦足矣丘十六井出戎馬一疋牛三頭是賦之常法○[施]尸豉反若不度於禮而貪冒無厭則雖以田賦將又不足且子季孫若欲行而

法則周公之典在若欲苟而行又何訪焉弗聽（爲明年用田賦傳○[冒]士北反又如字[厭]平聲）

經十有二年春用田賦（直書之者以示改法重賦）夏五月甲辰孟子卒（魯人諱娶同姓謂之孟子春秋不改所以順時）公會吳于橐皋（橐皋在淮南逡遒縣東南○[橐]章夜反一音託[逡]音峻[遒]音囚）秋公會衛侯宋皇瑗于鄖（鄖發陽也廣陵海陵縣東南有發繇口）宋向巢帥師伐鄭冬十有二月螽（周十二月今十月是歲應置閏而失不置雖書十二月實今之九月司曆誤一月九月之初尚溫故得有螽）

傳十二年春王正月用田賦（終前年事）夏五月昭夫人孟子卒昭公娶于吳故不書姓（諱娶同姓故謂之孟子若宋女）死不赴

故不稱夫人。不稱夫人故不言薨。不反哭故不言葬小君。反哭者夫人禮也。以同姓故。不成其夫人喪。孔子與弔。適季氏。季氏不絻。放絰而拜。孔子始老。故與弔也。絻喪冠也。孔子以小君禮往弔。季孫不服喪。故去絰。從主節制。○[與]音預。[絻]音問。

公會吳于橐皐。吳子使大宰嚭請尋盟。尋鄫盟。公不欲。使子貢對曰。盟所以周信也。周固。故心以制之。制其義。玉帛以奉之。奉贄明神。言以結之。結其信。明神以要之。要以禍福。寡君以爲苟有盟焉。弗可改也已。若猶可改。日盟何益。今吾子曰必尋盟。若可尋也。亦可寒也。尋重也。寒歇也。乃不尋盟。

吳徵會于衞。初衞人殺吳行人且姚而懼。謀於行人子羽。子羽衞大夫也。○[且]子餘反。子羽曰。吳方無道。無

乃辱吾君不如止也子木曰吳方無道（子木衛大夫）國無
道必弃疾於人吳雖無道猶足以患衛（爲衛患也）往也長
木之斃無不摽也（摽擊○[摽]敷蕭反又普交反）國狗之瘈無不噬
也（瘈狂也噬齧也○[瘈]吉世反）而況大國乎秋衛侯會吳于鄖公
及衛侯宋皇瑗盟（盟不[書]畏吳竊盟）而卒辭吳盟吳人藩衛
侯之舍（藩籬）子服景伯謂子貢曰夫諸侯之會事既畢
矣侯伯致禮地主歸餼（侯伯致禮以禮賓也地主所會主人也餼生物）以相
辭也（各以禮相辭讓）今吳不行禮於衛而藩其君舍以難之
（難苦困也）子盍見大宰乃請束錦以行（以賂吳）語及衛故（若本）
（不爲衛請者）大宰嚭曰寡君願事衛君衛君之來也緩寡

君懼故將止之執止子貢曰衛君之來必謀於其衆其衆或欲或否是以緩來其欲來者子之黨也其不欲來者子之讎也若執衛君是墮黨而崇讎也墮毀也○墮許規反夫墮子者得其志矣且合諸侯而執衛君誰敢不懼墮黨崇讎而懼諸侯或者難以霸乎大宰嚭說乃舍衛侯衛侯歸效夷言子之尚幼子之公孫彌牟○說音悅舍音捨又音赦曰君必不免其死於夷乎執焉而又說其言從之固矣出公輒後卒死於越冬十二月螽季孫問諸仲尼仲尼曰丘聞之火伏而後蟄者畢火心星也火伏在今十月今火猶西流司歷過也猶西流言未盡沒知是九月歷官失一閏釋例論之備宋鄭之閒有

隙地焉。隙地，閒田。曰彌作、頃丘、玉暢、嵒、戈、錫。凡六邑。○〔彌〕亡支反，又亡爾反。〔頃〕苦潁反，又音傾。〔嵒〕五咸反。〔錫〕音羊，一音星歷反。子產與宋人爲成曰：「勿有是。」俱弃之。及宋平、元之族自蕭奔鄭，在定十五年。鄭人爲之城嵒、戈、錫。城以處平、元之族。九月，宋向巢伐鄭，取錫，殺元公之孫，遂圍嵒。十二月，鄭罕達救嵒。丙申，圍宋師。此事在經十二月螽上。今倒在下，更具列其月以爲別者，丘明本不以爲義例，故不皆齊同。

經十有三年春，鄭罕達帥師取宋師于嵒。書取，覆而敗之。夏，許男成卒。無傳。公會晉侯及吳子于黃池。陳留封丘縣南有黃亭，近濟水。夫差欲霸中國，尊天子，自去其僭號而稱子，以告令諸侯，故史承而書之。○〔去〕起呂反。楚公子申帥師伐陳。無傳。於越入吳。秋，公至自會。無傳。晉魏曼多飾師侵衞。無傳。葬許元公。無傳。九月螽。無傳。書災。冬十有一月有星孛于東方。無傳。平旦衆星皆沒。而孛乃見。故不言所在之次。○孛。步內反。見。賢遍反。盜殺陳夏區夫。無傳。稱盜。非大夫。○區。烏侯反。十有二月螽。無傳。前年季孫雖聞仲尼之言。而不正曆。失閏至此年。故復十二月螽。實十一月。○復。扶又反。

傳十三年春。宋向魋救其師。救前年圍嵒師。鄭子賸使徇曰。得桓魋者有賞。魋也逃歸。遂取宋師于嵒。獲成讙郜延。二子。宋大夫。○讙。火官反。郜。古報反。又古毒反。以六邑爲虛。空虛之。各不有。夏。公會單平公晉定公吳夫差于黃池。平公。周卿士也。不書。尊之。不與會。六月丙子。越子伐吳。爲二隧。隧。道也。疇無餘謳陽自南方。二子。越大夫。先及郊。吳大子友王子地王孫彌庸壽於姚自泓上觀之觀越師泓水名○[泓]烏宏反彌庸見姑蔑之旗姑蔑越地今東陽大末縣○[大]音泰又音闥曰吾父之旗也彌庸父爲越所獲故姑蔑人得其旌旗不可以見讎而弗殺也大子曰戰而不克將亡國請待之彌庸不可屬徒五千屬會也[屬]音燭○王子地助之乙酉戰彌庸獲疇無餘地獲謳陽越子至王子地守丙戌復戰大敗吳師獲大子友王孫彌庸壽於姚地守故不獲○[守]手又反[復]扶又反丁亥入吳吳人告敗于王王惡其聞也惡諸侯聞之○[惡]烏路反自剄七人於幕下以絕口○[剄]古項反秋七月辛丑盟吳晉爭先爭歃血先後吳人曰於周室我爲長吳爲大伯後故爲長○[長]上聲晉人曰於姬姓我爲伯爲侯伯趙鞅呼

司馬寅（寅晉大夫）曰日旰矣（旰晚也○〔旰〕古旦反）大事未成二臣之罪也（大事盟也二臣鞅與寅）建鼓整列二臣死之長幼必可知也對曰請姑視之反曰肉食者無墨（墨氣色下）今吳王有墨國勝乎（國為敵所勝）大子死乎且夷德輕不忍久請少待之（少待無與爭○〔輕〕遣政反）乃先晉人（盟不書諸侯恥之故不錄）吳人將以公見晉侯子服景伯對使者曰王合諸侯則伯帥侯牧以見於王（伯王官伯侯牧方伯○〔見〕晉如字又賢遍反以〔見〕賢遍反）伯合諸侯則侯帥子男以見於伯（伯諸侯長）自王以下朝聘玉帛不同故敝邑之職貢於吳有豐於晉無不及焉以為伯也今諸侯會而君將以寡君見晉君則晉成為伯矣

敝邑將改職貢魯賦於吳八百乘若爲子男則將半邾以屬於吳〔半邾三百乘〕而如邾以事晉〔如邾六百乘〕且執事以伯召諸侯而以侯終之何利之有焉吳人乃止旣而悔之〔謂景伯欺之〕將因景伯景伯曰何也立後於魯矣〔何景伯名〕將以二乘與六人從遲速唯命遂因以還及戸牖〔戸牖陳留外黃縣西北東昏城是〇(從)才用反〕謂大宰曰魯將以十月上辛有事於上帝先王季辛而畢何世有職焉〔有職於祭事〕自襄以來未之改也〔魯襄公〕若不會祝宗將曰吳實然〔言魯祝宗將告神云景伯不會坐爲吳所囚吳人信鬼故以是恐之〕且謂魯不共而執其賤者七人何損焉大宰嚭言於王曰無損於魯而

祇爲名。遠爲惡名。不如歸之。乃歸景伯。吳申叔儀乞糧於公孫有山氏。申叔儀，吳大夫。公孫有山，魯大夫。舊相識。曰佩玉繠兮余無所繫之。繠然服飾備也。己獨無以繫佩。言吳王不恤下。○繠，而捶反。旨酒一盛兮余與褐之父睨之。一盛，一器也。睨，視也。褐，寒賤之人。言但得視不得飲。○盛音成，又市政反。睨，五計反。對曰梁則無矣麤則有之若登首山以呼曰庚癸乎則諾。軍中不得出糧，故爲私隱。庚，西方，主穀。癸，北方，主水。傳言吳子不與士共飢渴所以亡。○呼，火故反。王欲伐宋殺其丈夫而囚其婦人。以宋不會黃池故。言吳子悖惑。大宰嚭曰可勝也而弗能居也乃歸冬吳及越平。終伍員之言。

春秋經傳集解哀公上第二十九

春秋經傳集解哀公下第三十

杜氏註　盡二十七年

經十有四年春西狩獲麟。麟者仁獸聖王之嘉瑞也時無明王出而遇獲仲尼傷周道之不興感嘉瑞之無應故因魯春秋而脩中興之教絕筆於獲麟之一句所感而作固所以爲終也冬獵曰狩蓋虞人脩常職故不書狩者大野在魯西故言西狩得用曰獲。小邾射以句繹來奔。射小邾大夫句繹地名春秋止於獲麟故射不在三叛人之數自此以下至十六年皆魯史記之文弟子欲存孔子卒故并錄以續孔子所脩之經○〔射〕音亦〔句〕古侯反。夏四月齊陳恒執其君寘于舒州。庚戌叔還卒。無傳。五月庚申朔日有食之。無傳。陳宗豎出奔楚。無傳○〔豎〕上主反。宋向魋入于曹以叛。曹宋邑○〔向〕舒亮反。莒子狂卒。無傳○〔狂〕其廷反。六月宋向魋自曹出奔衛。宋向巢來奔。齊人弒其君壬于舒州。秋。晉趙鞅帥師伐衛。無傳。○〔鞅〕於丈反。八月。辛丑。仲孫何忌卒。冬。陳宗豎自楚復入于陳。陳人殺之。無傳。○〔復〕扶又反。陳轅買出奔楚。無傳。有星孛。無傳。不言所在。史失之。饑。無傳。

傳十四年。春。西狩於大野。叔孫氏之車子鉏商獲麟。大野在高平鉅野縣東北。大澤是也。車子。微者。鉏商。名。以爲不祥。以賜虞人。時所未嘗見。故怪之。虞人。掌山澤之官。仲尼觀之曰。麟也。然後取之。言魯史所以得書獲麟。小邾射以句繹來奔。曰。使季路要我。吾無盟矣。子路信誠。故欲得與相要誓。而不須盟。孔子弟子既續書魯策以繫於經。丘明亦隨而傳之。終於哀公。以卒前事。其異事則皆略而不傳。故此經無傳者多。○〔要〕於妙反。又一遙反。使子路。子路辭季康子使冉有謂之曰千乘之國不信其盟而信子之言子何辱焉對曰魯有事于小邾不敢問故死其城下可也彼不臣而濟其言是義之也由弗能濟成也齊簡公之在魯也闞止有寵焉簡公悼公陽生子壬也闞止子我也事在六年○[闞]苦暫反及即位使爲政陳成子憚之驟顧諸朝成子陳常心不安故數顧之諸御鞅言於公鞅齊大夫曰陳闞不可並也君其擇焉擇用一人弗聽子我夕夕視事陳逆殺人逢之陳逆子行陳氏宗也子我逢之遂執以入執逆至朝陳氏方睦欲謀齊國故宗族和使疾而遺之潘沐備酒肉焉使詐病因內潘沐并得內酒肉潘米汁可以沐頭○[遺]去聲[潘]音翻饗守囚者醉而殺之而逃子我盟諸陳於

陳宗失陳逆懼其反爲患故盟之初陳豹欲爲子我臣豹亦陳氏族使公孫言己言己介達之己有喪而止既而言之既終喪也曰有陳豹者長而上僂肩背僂○〔長〕如字又上聲〔僂〕力主反望視目望陽事君子必得志得君子意欲爲子臣吾憚其爲人也恐多詐故緩以告子我曰何害是其在我也使爲臣他日與之言政說遂有寵謂之曰我盡逐陳氏而立女若何對曰我遠於陳氏矣言己疏遠○〔說〕音悅〔女〕音汝〔遠〕如字又于萬反且其違者不過數人違不從也何盡逐焉遂告陳氏子行曰彼得君弗先必禍子子行舍於公宮子行逃而隱隱於陳氏今又隱於公宮夏五月壬申成子兄弟四乘如公成子之兄弟昭子莊簡子齒宣子夷穆子安廩丘子

意茲芷子盈惠子得凡八人二人共一乘子我在幄幄帳也聽政之處出逆之遂入閉門成子入反閉門不納子我侍人禦之子我侍人子行殺侍人素在內故得殺之公與婦人飲酒于檀臺成子遷諸寢徙公使居正寢公執戈將擊之疑其欲作亂大史子餘曰非不利也將除害也言將為公除害成子出舍于庫以公怒故聞公猶怒將出曰何所無君子行抽劒曰需事之賊也言需疑則害事誰非陳宗言陳氏宗族衆多所不殺子者有如陳宗言子若欲出我必殺子明如陳宗乃止子我歸屬徒攻闈與大門闈宮中小門大門公門也〇[屬]之欲反皆不勝乃出陳氏追之失道於弇中適豐丘弇中狹路豐丘陳氏邑〇[弇]於檢反又音淹豐丘人執之以告殺諸郭關齊關名

成子將殺大陸子方。子方．子我臣．陳逆請而免之。以公命
取車於道。子方取道中行人車．及耏。衆知而東之。知其矯命．奪車逐使東．○
耏音而．出雍門。齊城門也．○雍於用反．陳豹與之車。弗受。曰逆爲
余請。豹與余車。余有私焉。事子我而有私於其讎。何
以見魯衞之士。傳言陳氏務施．○施式豉反．東郭賈奔衞。賈卽子方．庚
辰。陳恒執公于舒州。公曰吾早從鞅之言。不及此。悔不
誅陳氏．宋桓魋之寵害於公。恃寵驕盈．公使夫人驟請享焉
而將討之。夫人景公母也．數請享飲．欲因請討之．未及魋先謀公。請以
鞌易薄。鞌．向魋邑．薄．公邑．欲因易邑．爲公享宴而作亂．公曰不可。薄宗邑也。
宗廟所在．乃益鞌七邑。而請享公焉。爲喜於受賜．以日中爲期

家備盡往。甲兵之備。公知之。告皇野曰。余長魋也。少長育之。皇野。司馬子仲。○〔長〕上聲。今將禍余。請卽救。司馬子仲曰。有臣不順。神之所惡也。而況人乎。敢不承命。不得左師不可。左師。向魋兄向巢也。○〔惡〕去聲。請以君命召之。左師每食擊鐘。聞鐘聲。公曰。夫子將食。既食又奏。奏樂。公曰。可矣。以乘車往曰。迹人來告。主迹禽獸者。曰。逢澤有介麇焉。地理志言逢澤在滎陽開封縣東北。遠。疑非。介。大也。○〔麇〕九倫反。獐也。公曰。雖魋未來。得左師吾與之田若何。皇野稱公命。君憚告子。難以遊戲煩大臣。○〔難〕乃旦反。下同。野曰。嘗私焉。嘗試也。君欲速。故以乘車逆子。與之乘。至。公告之故。拜。不能起。司馬曰。君與之言。使公與要誓。公曰。所難子者上有天下有先君（言雖誅魋要不負言使禍難及子）對曰魋之不共宋之禍也敢不唯命是聽司馬請瑞焉以（瑞符節以發兵）命其徒攻桓氏（桓氏向魋）其父兄故臣曰不可（司馬故臣與桓魋無怨者）其新臣曰從吾君之命遂攻之子頎騁而告桓司馬（子頎桓魋弟桓司馬即魋也○〔頎〕音祈）司馬欲入（入攻君）子車止之（子車亦魋弟）曰不能事君而又伐國民不與也祗取死焉向魋遂入于曹以叛（哀八年宋滅曹以爲邑）六月使左師巢伐之欲質大夫以入焉（巢不能克魋恐公怒欲得國內大夫爲質還入國○〔質〕音致）不能亦入于曹取質（不能得大夫故入曹劫曹人子弟而質之欲以自固）魋曰不可既不能事君又得罪于民將若之何乃舍之（舍曹子弟○〔舍〕）

（音赦。又音捨。）民遂叛之。向魋奔衛。向巢來奔。宋公使止之。曰。寡人與子有言矣。不可以絕向氏之祀。辭曰。臣之罪大。盡滅桓氏可也。若以先臣之故。而使有後。君之惠也。若臣則不可以入矣。司馬牛致其邑與珪焉。而適齊。（牛。桓魋弟也。珪。守邑符信。）向魋出於衛地。公文氏攻之。（公文氏。衛大夫。）求夏后氏之璜焉。與之他玉。而奔齊。陳成子使爲次卿。司馬牛又致其邑焉。而適吳。（亦不與魋同。）吳人惡之。而反。趙簡子召之。陳成子亦召之。卒於魯郭門之外。阬氏葬諸丘輿。（阬氏。魯人也。泰山南城縣西北有輿城。錄其卒葬所在。愍賢者失所。○〔惡〕去聲。〔阬〕音坑。或音岡。）甲午。齊陳恒弒其君壬于舒州。（壬。簡公也。）孔丘三日齊而請伐齊三公曰魯爲齊弱久矣子之伐之將若之何對曰陳恒弒其君民之不與者半以魯之衆加齊之半可克也公曰子告季孫孔子辭○辭不告○日〔齊〕音齋〔三〕如字又去聲退而告人曰吾以從大夫之後也故不敢不言嘗爲大夫而去故言後初孟孺子洩將圉馬於成洩孟懿子之子孟武伯也圉音養也成孟氏邑成宰公孫宿不受曰孟孫爲成之病不圉馬焉病謂民貧困○〔爲〕于僞反孺子怒襲成從者不得入乃反成有司使孺子鞭之恨恚故鞭成有司之使人○〔使〕去聲秋八月辛丑孟懿子卒成人奔喪弗內袒免哭于衢聽共弗許請聽命共使○〔內〕如字又音納〔共〕音恭懼不歸不敢歸成爲明年成叛傳

經十有五年春王正月成叛夏五月齊高無咎出奔北燕無傳鄭伯伐宋無傳秋八月大雩無傳晉趙鞅帥師伐衞無傳冬晉侯伐鄭無傳及齊平魯與齊平衞公孟彄出奔齊無傳○彄苦侯反

傳十五年春成叛于齊武伯伐成不克遂城輸以偪成夏楚子西子期伐吳及桐汭宣城廣德縣西南有桐水出白石山西北入丹陽湖陳侯使公孫貞子弔焉弔爲楚所伐及良而卒良吳地將以尸入聘禮若賓死未將命則既斂於棺造於朝介將命吳子使大宰嚭勞且辭曰以水潦之不時無乃廩然隕大夫之尸廩然傾動貌○勞力報反以重寡君之憂寡君敢辭上介芋尹蓋對蓋陳

大夫貞子上介曰寡君聞楚爲不道荐伐吳國荐重也滅厥民人寡君使蓋備使弔君之下吏備猶副也○備〔使〕所吏反下同無祿使人逢天之慼大命隕隊絕世于良絕世猶言弃世廢日共積廢行道之日以共具殯斂所積聚之用○〔共〕音恭〔積〕子賜反又如字一日遷次一日便遷次不敢留君命今君命逆使人曰無以尸造于門是我寡君之命委于草莽也且臣聞之曰事死如生禮也於是乎有朝聘而終以尸將事之禮朝聘而道死則以尸行事又有朝聘而遭喪之禮遭所聘之喪若不以尸將命是遭喪而還也無乃不可乎以禮防民猶或踰之今大夫曰死而弃之是弃禮也其何以爲諸侯主謂主盟也先民有言曰

無穢虐士。虐士死者。備使奉尸將命。苟我寡君之命達于君所。雖隕于深淵。則天命也。非君與涉人之過也。吳人內之。○傳言芋尹蓋知禮。[內]如字。又音納。秋。齊陳瓘如楚。瓘。陳恒之兄子玉也。過衛。仲由見之。仲由子路。○[過]音戈。曰。天或者以陳氏爲斧斤。既斲喪公室。而他人有之。不可知也。其使終饗之。亦不可知也。饗受也。○[喪]去聲。若善魯以待時。不亦可乎。何必惡焉。仲由事孔子。故爲魯言。子玉曰。然。吾受命矣。子使告我弟。弟。成子也。冬。及齊平。子服景伯如齊。子贛爲介。見公孫成。公孫成。成宰公孫宿也。○[贛]與貢同。曰。人皆臣人。而有背人之心。況齊人雖爲子役。其有不貳乎。言子叛魯。齊人亦將叛子。子周公之孫也多饗大利猶思不義利不可得而喪宗國將焉用之喪宗國謂以邑入齊使魯有危亡之禍成曰善哉吾不早聞命傳言仲尼之徒皆忠於魯國陳成子館客使景伯子贛就館曰寡君使恒告曰寡人願事君如事衛君言衛與齊同好而魯未肯景伯揖子贛而進之對曰寡君之願也昔晉人伐衛在定八年齊爲衛故伐晉冠氏喪車五百在定九年冠氏陽平館陶縣○〔爲〕去聲〔冠〕如字又古喚反因與衛地自濟以西禚媚杏以南書社五百二十五家爲一社籍書而致之〔禚〕諸若反○吳人加敝邑以亂在八年齊因其病取讙與闡亦在八年寡君是以寒心若得視衛君之事君也則固所願也成子病之乃歸成病其言也公孫宿以其兵甲

入于嬴。嬴，齊邑。衛孔圉取大子蒯聵之姊。生悝。孔圉，孔文子也。

蒯聵姊，孔伯姬。○〔蒯〕苦怪反。〔聵〕魚怪反。〔悝〕苦回反。下同。孔氏之豎渾良夫長而美。孔文子卒。通於內。通伯姬。○〔渾〕戶門反。〔長〕上聲。大子在戚。孔姬使之焉。使良夫詣大子所。○〔使〕去聲。又如字。大子與之言曰。苟使我入獲國。服冕乘軒。三死無與。冕，大夫服。軒，大夫車。三死，死罪三。○無〔與〕音預。與之盟。爲請於伯姬。良夫爲大子請。閏月。良夫與大子入。舍於孔氏之外圃。圃，園。昏。二人蒙衣而乘。二人，大子與良夫。蒙衣，爲婦人服也。○〔乘〕去聲。下同。寺人羅御如孔氏。孔氏之老欒寧問之。稱姻妾以告。自稱昏姻家妾。遂入。適伯姬氏。既食。孔伯姬杖戈而先。大子與五人介。輿豭從之。介，被甲。輿豭，豚。欲以盟。迫孔悝於

廁强盟之孔氏專政故劫孔悝欲令逐輒○〔强〕上聲遂劫以登臺欒寧將

飲酒炙未熟聞亂使告季子季子子路也爲孔氏邑宰○〔炙〕章夜反下同

召獲駕乘車召獲衛大夫駕乘車言不欲戰○〔召〕上照反行爵食炙奉衛

侯輒來奔季子將入遇子羔將出子羔衛大夫高柴孔子弟子將出奔

曰門已閉矣季子曰吾姑至焉且欲至門子羔曰弗及不

踐其難言政不及己可不須踐其難○〔難〕去聲下同季子曰食焉不辟其

難謂食孔氏祿子羔遂出子路入及門公孫敢門焉守門曰

無入爲也言輒已出無爲復入季子曰是公孫也求利焉而逃

其難由不然利其祿必救其患有使者出乃入因門開而

入曰大子焉用孔悝雖殺之必或繼之言己必繼孔悝爲難攻大

子。且曰大子無勇若燔臺半必舍孔叔大子聞之懼下石乞盂黶敵子路二子蒯聵黨敵當也○〔舍〕音捨又如字〔黶〕於減反以戈擊之斷纓子路曰君子死冠不免不使冠在地○〔斷〕丁管反結纓而死孔子聞衛亂曰柴也其來由也死矣孔悝立莊公莊公蒯聵也莊公害故政欲盡去之故政輒之臣○〔去〕起呂反先謂司徒瞞成曰寡人離病於外久矣子請亦嘗之歸告褚師比欲與之伐公不果比褚師聲子為明年瞞成奔起○〔瞞〕莫干反〔褚〕中呂反。

經十有六年春王正月己卯衛世子蒯聵自戚入于衛衛侯輒來奔書此春皆從告二月衛子還成出奔宋卽瞞成

夏四月己丑。孔丘卒。仲尼既告老去位。猶書卒者。魯之君臣宗其聖德。殊而異之。魯襄二十二年生。至今七十三也。四月十八日乙丑。無己丑。己丑。五月十二日。日月必有誤。○孔子卒。孔子作春秋。終於獲麟之一句。公羊穀梁經是也。弟子欲記聖師之卒。故採魯史記。以續夫子之經。而終於此。丘明因隨而作傳。終於哀公。從此已下。無復經矣。魯襄二十二年生。至今七十三也。

傳。十六年春。瞞成褚師比出奔宋。欲伐莊公。不果而奔。衛侯使鄢武子告于周。武子。衛大夫肸也。○[鄢]於晚反。曰。蒯聵得罪于君父君母。逋竄于晉。晉以王室之故。不棄兄弟。寘諸河上。河上。戚也。天誘其衷。獲嗣守封焉。使下臣肸敢告執事。王使單平公對曰。肸以嘉命來告余一人。往謂叔父。余嘉乃成世。復爾祿次。敬之哉。繼父之世。還居君之祿次。方天之休言天方授爾以休。弗敬弗休。悔其可追。傳終蒯聵之事。夏四月己丑。孔丘卒。公誄之曰。旻天不弔。不慭遺一老。俾屏余一人以在位。仁覆閔下。故稱旻天。弔、至也。慭、且也。俾、使也。屏、蔽也。○誄、力軌反。弔、如字。又音的。慭、魚覲反。屏、必領反。煢煢余在疚。嗚呼哀哉尼父。無自律。疚、病也。律、法也。言喪尼父。無以自爲法。○煢、求營反。子贛曰。君其不沒於魯乎。夫子之言曰。禮失則昏。名失則愆。失志爲昏。失所爲愆。生不能用。死而誄之。非禮也。稱一人。非名也。天子稱一人。非諸侯之名。君兩失之。六月。衛侯飲孔悝酒於平陽。東郡燕縣東北有平陽亭。重酬之。大夫皆有納焉。納、財賄也。醉而送之。夜半而遣之。夜遣者、慙負孔悝。不欲令人見。載伯姬於平陽而行。載其母俱去。及西門。平陽門。使貳車反祏於西圃。使副車還取廟主。西圃孔氏廟所在。祏藏主石函。○〔祏〕音石。子伯季子初爲孔氏臣新登于公。升爲大夫。請追之。遇載祏者。殺而乘其車。子伯殺載祏者。許公爲反祏。孔悝載祏者久不來。使公爲反逆之。○許公爲人姓名。遇之。曰與不仁人爭明無不勝。不仁人謂子伯季子也。明無不勝。言必勝。必使先射。射三發。皆遠許爲。許爲射之。殪。傳言子伯不仁所以死也。○〔射〕食亦反。〔遠〕于萬反。或以其車從。從公爲。得祏於橐中。孔悝出奔宋。楚大子建之遇讒也。自城父奔宋。在昭十九年。又辟華氏之亂於鄭。在昭二十年。○〔華〕戶化反。鄭人甚善之。又適晉。與晉人謀襲鄭。乃求復焉。鄭人復之如初。晉人使諜於子木。請行而期焉。請行襲鄭之期。

子木卽建也。○[諜]徒協反。子木暴虐於其私邑。邑人訴之。鄭人省之。得晉諜焉。遂殺子木。其子曰勝。在吳。子西欲召之。葉公曰。吾聞勝也詐而亂。無乃害乎。葉公子高沈諸梁也。○[葉]始涉反。子西曰。吾聞勝也信而勇。不爲不利。舍諸邊竟。使衞藩焉。使爲藩屏之衞。○[竟]音境。[藩]方元反。葉公曰。周仁之謂信。周親也。率義之謂勇。率行也。吾聞勝也好復言。言之所許必欲復行之。不顧道理。○[好]呼報反。而求死士。殆有私乎。私謀復讎。復言非信也。期死非勇也。期必也。子必悔之。弗從。召之使處吳竟。爲白公。白楚邑也。汝陰褒信縣西南有白亭。請伐鄭。子西曰。楚未節也。言楚國新復政令猶未得節制。不然。吾不忘也。他日又請。許之。未起師。晉人伐鄭楚救之與之盟勝怒曰鄭人在此讎不遠矣（比子西於鄭人）勝自厲劍子期之子平見之曰王孫何自厲也曰勝以直聞不告女庸爲直乎將以殺爾父平以告子西子西曰勝如卵余翼而長之（以鳥爲喻）楚國第（用士之次第）我死令尹司馬非勝而誰勝聞之曰令尹之狂也得死乃非我（言我必殺之若得自死我乃不復成人）子西不悛勝謂石乞（石乞勝之徒）曰王與二卿士（二卿士子西子期）皆五百人當之則可矣乞曰不可得也（五百人不可得）曰市南有熊宜僚者若得之可以當五百人矣乃從白公而見之與之言說告之故辭（告欲作亂宜僚辭距之○說音悅）承之以劍不動（拔劍指其

喉。勝曰不爲利諂不爲威惕不洩人言以求媚者去之吳人伐慎白公敗之（汝陰慎縣也。）請以戰備獻（與吳戰之所得鎧杖兵器皆備而獻之欲因以爲亂。○〔鎧〕苦代反。）許之遂作亂秋七月殺子西子期于朝而劫惠王子西以袂掩面而死（慙於葉公。）子期曰昔者吾以力事君不可以弗終抉豫章以殺人而後死（以效其多力。豫章、大木。○〔抉〕烏穴反。）石乞曰焚庫弑王不然不濟白公曰不可弑王不祥焚庫無聚將何以守矣乞曰有楚國而治其民以敬事神可以得祥且有聚矣何患弗從葉公在蔡（蔡遷州來，楚并其地。）方城之外皆曰可以入矣子高曰吾聞之以險徼幸者其求無饜偏重必離險猶惡也所求無饜則不安譬如物偏重則離敗欲須其釁而討之○〔徼〕古堯反〔饜〕於豔反闔其殺齊管脩也而後入管脩楚賢大夫故齊管仲之後聞其殺賢知其可討白公欲以子閭爲王子閭平王子啓五辭王王者子閭不可遂劫以兵子閭曰王孫若安靖楚國匡正王室而後庇焉啓之願也敢不聽從若將專利以傾王室不顧楚國有死不能不能從遂殺之而以王如高府高府楚別府石乞尹門爲門尹圉公陽穴宮負王以如昭夫人之宮公陽楚大夫昭夫人王母越女葉公亦至及北門或遇之曰君胡不胄國人望君如望慈父母焉盜賊之矢若傷君是絕民望也若之何不胄乃胄而進又遇一人曰君胡胄國人望君

如望歲焉。歲，年穀也。日日以幾，冀君來。○（幾）音冀。若見君面，是得艾也。艾，安也。○（艾）音乂。又音礙。民知不死，其亦夫有奮心，猶將旌君以徇於國。旌，表也。○（夫）音扶。又如字。而又掩面以絕民望，不亦甚乎。乃免冑而進。言葉公得民心。遇箴尹固帥其屬，將與白公。欲與白公并。子高曰，微二子者，楚不國矣。二子，子西、子期也。柏舉之敗，二子功多。棄德從賊，其可保乎。乃從葉公。使與國人以攻白公。白公奔山而縊。其徒微之。微，匿也。○（與）如字。一作輿，謂輿慶也。生拘石乞而問白公之死焉。對曰，余知其死所，而長者使余勿言。長者，謂白公也。曰，不言將烹。乞曰，此事也，克則爲卿，不克則烹，固其所也，何害。乃烹石乞。王孫燕奔顏黃氏。(燕勝弟。顏黃吳地。○〔燕〕烏賢反。又烏練反。〔顏〕求龜反。)沈諸梁兼二事。(二事。令尹司馬。)國寧。(寧。安也。)乃使寧爲令尹。(子西之子。)使寬爲司馬。(子期之子。)而老於葉。(傳終言之。)衛侯占夢嬖人。(以能占夢見愛。)求酒於大叔僖子。(僖子。大叔遺。)不得。與卜人比而告公曰。君有大臣在西南隅。弗去。懼害。(詐占卜夢而言。○〔去〕上聲。)乃逐大叔遺。遺奔晉。衛侯謂渾良夫曰。吾繼先君而不得其器。若之何。(國之寶器。輒皆將去。)良夫代執火者而言。(將密謀。屏左右。)曰。疾與亡君。皆君之子也。召之而擇材焉可也。(召輒。)若不材。器可得也。(輒若不材。可廢其身。因得其器。)豎告大子。(大子疾。)大子使五人輿豭從己。劫公而强盟之。(盟求必立己。○〔强〕其丈反。)且請殺良夫。

公曰其盟免三死（盟在十五年）曰請三之後有罪殺之公曰諾哉

傳十七年春衛侯爲虎幄於藉圃（於藉田之圃新造幄幕皆以虎獸爲飾）成求令名者而與之始食焉大子請使良夫（以良夫爲令名）良夫乘衷甸兩牡（衷甸一轅卿車○〔甸〕時證反說文作佃一轅車也）紫衣狐裘（紫衣君服）至袒裘不釋劒而食（食而熱故偏袒亦不敬）大子使牽以退數之以三罪而殺之（三罪紫衣袒裘帶劒）三月越子伐吴吴子禦之笠澤夾水而陳越子爲左右句卒（句卒鉤伍相著別爲左右屯○〔陳〕直覲反〔句〕古侯反〔著〕直略反）使夜或左或右鼓譟而進吴師分以禦之越子以三軍潛涉當吴中軍而鼓

之。吳師大亂。遂敗之。左右句卒。爲聲勢以分吳軍。而三軍精卒并力擊其中軍。故得勝也。○[并]如字。又必政反。晉趙鞅使告于衞曰。君之在晉也。志父爲主。請君若大子來。以免志父。不然。寡君其曰志父之爲也。恐晉君謂志父教使不來。衞侯辭以難。大子又使椓之。椓。訴父。欲速得其處。○[難]乃旦反。[椓]中角反。夏六月。趙鞅圍衞。齊國觀陳瓘救衞。國觀。國書之子。○[觀]工喚反。得晉人之致師者。子玉使服而見之。釋囚服。服其本服。曰。國子實執齊柄。而命瓘曰。無辟晉師。豈敢廢命。欲必敵晉。子又何辱。言不須來致師。自將往戰。簡子曰。我卜伐衞。未卜與齊戰。乃還。畏子玉。楚白公之亂。陳人恃其聚而侵楚。聚。積聚也。[積]子賜反。○楚既寧。將取陳麥。楚子問

帥於大師子穀與葉公諸梁子穀曰右領差車與左
史老皆相令尹司馬以伐陳其可使也言此二人皆嘗輔相子西
子期伐陳令復可使子高曰率賤民慢之懼不用命焉右領左史皆楚
賤官。○[率]所類反。子穀曰觀丁父鄀俘也武王以爲軍率楚武
王。○[鄀]音若。是以克州蓼服隨唐大啓羣蠻彭仲爽申俘
也文王以爲令尹實縣申息楚文王滅申息以爲縣朝陳蔡封
畛於汝開封畛北至汝水。○[畛]之忍反。一音真。○唯其任也何賤之有子
高曰天命不謟謟疑也。○[謟]本又作慆。他刀反。令尹有憾於陳十五年子
西伐吳陳使貞子弔吳以此爲恨天若亡之其必令尹之子是與君
盍舍焉舍右領與左史。○[舍]音捨。又音赦。○臣懼右領與左史有二俘

之賤，而無其令德也。王卜之，武城尹吉。（武城尹，子西子公孫朝。）使帥師取陳麥。陳人御之，敗，遂圍陳。秋七月己卯，楚公孫朝帥師滅陳。（終鄭裨竈言，五及鶉火，陳卒亡。）王與葉公枚卜子良以為令尹。（枚卜，不斥言所卜以令龜。子良，惠王弟。）沈尹朱曰：「吉，過於其志。」（志，望也。）葉公曰：「王子而相國，過將何為？」（過相，將為王也。）他日，改卜子國而使為令尹。（子國，寧也。）

衛侯夢于北宮，見人登昆吾之觀，（衛有觀在古昆吾之虛，今濮陽城中。○[觀]工喚反。[虛]去魚反。）被髮北面而譟曰：「登此昆吾之虛，緜緜生之瓜。（緜緜，瓜初生也。良夫言己有以小成大之功，若瓜之初生，謂使衛侯得國。）余為渾良夫，叫天無辜。」（本盟當免三死，而幷數一時之事為三罪殺之，故自謂無辜。○[幷]必政反。）公親筮之，胥彌赦占之赦衞筮史曰不害與之邑寘之而逃奔宋言衞侯無道卜人不敢以實對懼難而逃也○〔難〕乃旦反下同衞侯貞卜正卜夢之吉凶其繇曰如魚竀尾竀赤也魚勞則尾赤○〔繇〕直又反〔竀〕勑呈反衡流而方羊裔焉橫流方羊不能自安裔水邊言衞侯將若此魚○〔衡〕華盲反又如字〔方〕蒲郎反大國滅之將亡闔門塞竇乃自後踰此皆繇辭冬十月晉復伐衞春伐未得志故○〔復〕扶又反入其郛將入城簡子曰止叔向有言曰怙亂滅國者無後不欲乘人之衰衞人出莊公而與晉平晉立襄公之孫般師而還十一月衞侯自鄄入般師出辟蒯聵也○〔般〕音班〔鄄〕音絹初公登城以望見戎州戎州戎邑問之以告公曰我姬姓也何戎之有焉言姬姓國何故有戎邑翦之翦壞其邑聚公使

匠久。久不休息。公欲逐石圃。石圃衞卿石惡從子。○〔從〕去聲。未及而難作。辛巳。石圃因匠氏攻公。公閉門而請。弗許。踰于北方而隊。折股。終如卜言。乃自後踰。○〔隊〕音墜。〔折〕之設反。戎州人攻之。大子疾、公子青踰從公。青。疾弟。戎州人殺之。公入于戎州己氏。己氏。戎人姓。○〔己〕音紀。又音祀。初。公自城上見己氏之妻髮美。使髡之以爲呂姜髢。呂姜。莊公夫人。髢。髲也。○〔髢〕大計反。又庭計反。〔髲〕皮義反。旣入焉。而示之璧。曰。活我。吾與女璧。己氏曰。殺女。璧其焉往。遂殺之而取其璧。衞人復公孫般師而立之。十二月。齊人伐衞。衞人請平。立公子起。起。靈公子。○〔女〕音汝。執般師以歸。舍諸潞。潞。齊邑。公會齊侯盟于蒙。齊侯。簡公弟平公敖也。蒙在東莞蒙

（陰縣西。故蒙陰城也。○[敖]如字。一作鰲。五報反。[莞]音官。）孟武伯相齊侯稽首。公拜。齊人怒。武伯曰。非天子。寡君無所稽首。武伯問於高柴曰。諸侯盟。誰執牛耳。（執牛耳。尸盟者。）季羔曰。鄫衍之役。吳公子姑曹。（季羔。高柴也。鄫衍在七年。○[衍]以善反。）發陽之役。衞石魋。（發陽。鄭也。在十二年。石魋。石曼姑之子。○[魋]徒回反。）武伯曰。然則彘也。（彘。武伯名也。鄫衍則大國執。發陽則小國執。據時執者無盟。故武伯自以爲可執。）宋皇瑗之子麇（瑗。宋右師。○[瑗]音院。[麇]九倫反。）有友曰田丙。而奪其兄酁般邑以與之。酁般慍而行。告桓司馬之臣子儀克。（克在下邑。不與亂。故在。○[酁]仕咸反。[慍]紆問反。）子儀克適宋。告夫人曰。麇將納桓氏。公問諸子仲。（子仲。皇野。）初。子仲將以杞姒之子非我爲子。（爲適子。杞姒。子仲妻。○[適]音的。麇曰必立伯也。伯非我兄。是良材。子仲怒弗從。故對曰右師則老矣。不識麇也。言右師老不能爲亂。麇則不可知。公執之。執麇。皇瑗奔晉。召之。召令還。

傳十八年春。宋殺皇瑗。公聞其情。復皇氏之族。使皇緩爲右師。言宋景公無常也。緩瑗從子。○[緩]戶管反。巴人伐楚圍鄾。鄾楚邑。初右司馬子國之卜也。觀瞻曰如志。子國未爲令尹。時。卜爲右司馬。得吉兆如其志。觀瞻。楚開卜大夫觀從之後。故命之。命以爲右司馬。及巴師至。將卜帥。王曰。寧如志。何卜焉。寧子國也。使帥師而行。請承。承佐。王曰。寢尹工尹。勤先君者也。柏舉之役。寢尹吳由于以背受戈。工尹固執燧象奔吳師。皆爲先君勤勞。三月。楚公孫寧吳由于薳固敗巴師于鄭故封子國於析。君子曰。惠王知志。〔知用其意。〕夏書曰。官占唯能蔽志。昆命于元龜。〔逸書也。官占，卜筮之官。蔽，斷也。昆，後也。言當先斷意後用龜也。〕其是之謂乎。志曰。聖人不煩卜筮。惠王其有焉。〔不疑故不卜也。〕夏。衛石圃逐其君起。起奔齊。〔齊所立故。〕衛侯輒自齊復歸。逐石圃。而復石魋與大叔遺。〔皆蒯聵所逐。〕

傳十九年。春。越人侵楚。以誤吳也。〔誤吳使不爲備。〕夏。楚公子慶、公孫寬追越師。至冥。不及。乃還。〔冥，越地。〕秋。楚沈諸梁伐東夷。〔報越。〕三夷男女及楚師盟于敖。〔從越之夷三種。敖，東夷地。〕冬。叔青如京師。敬王崩故也。〔言敬王能終其世。終萇弘言東王必大克。叔青，叔還子。〕

傳二十年春齊人來徵會夏會于廩丘爲鄭故謀伐晉十五年晉伐鄭○〔爲〕去聲下爲降同鄭人辭諸侯秋師還終叔向言晉公室卑吳公子慶忌驟諫吳子曰不改必亡弗聽吳子弗聽出居于艾艾吳邑豫章有艾縣遂適楚聞越將伐吳冬請歸平越遂歸欲除不忠者以說于越吳人殺之言其不量力○〔說〕如字又音悅十一月越圍吳趙孟降於喪食趙孟襄子無恤時有父簡子之喪楚隆曰三年之喪親暱之極也主又降之無乃有故乎楚隆襄子家臣趙孟曰黃池之役先主與吳王有質黃池在十三年先主簡子質盟信也○〔質〕如字曰好惡同之今越圍吳嗣子不廢舊業而敵之嗣子襄子自謂欲敵越救吳非晉之所能及也吾是以

爲降楚隆曰若使吳王知之若何趙孟曰可乎隆曰請嘗之（嘗試也）乃往先造于越軍曰吳犯閒上國多矣聞君親討焉諸夏之人莫不欣喜唯恐君志之不從請入視之許之告于吳王曰寡君之老無恤使陪臣隆敢展謝其不共（展陳也○〔閒〕去聲〔共〕音恭）黃池之役君之先臣志父得承齊盟曰好惡同之今君在難無恤不敢憚勞非晉國之所能及也使陪臣敢展布之王拜稽首曰寡人不佞不能事越以爲大夫憂拜命之辱與之一簞珠（簞小笥○〔難〕乃旦反）使問趙孟（問遺也○〔遺〕唯季反）曰句踐將生憂寡人寡人死之不得矣王曰溺人必笑吾將有問

也。以自喻所問不急。猶溺人不知所爲而反笑。○[句]古侯反。史黯何以得爲君子。晉史黯云不及四十年吳當亡。吳王感問此也。對曰黯也進不見惡。時行則行。退無謗言。時止則止。王曰宜哉。

傳二十一年夏五月越人始來。越既勝吳。欲霸中國。始遣使適魯。秋八月公及齊侯邾子盟于顧。齊人責稽首。責十七年齊侯爲公稽首不見荅。顧齊地。因歌之曰魯人之皐數年不覺使我高蹈。皐緩也。高蹈猶遠行也。言魯人皐緩。數年不知荅齊稽首。故使我高蹈來爲此會。○[數]所主反。[覺]音角又古孝反。唯其儒書以爲二國憂。二國齊邾也。言魯據周禮不肯荅稽首。令齊邾遠至。是行也公先至于陽穀。先期至也。○[先]悉薦反。齊閭丘息曰君辱舉玉趾以在寡君之軍。息閭丘明之後。羣臣將傳遽以告寡君。比其復也。君無乃勤。爲僕人之未次。次，舍也。○[傳]中戀反。[比]必利反。[爲]于僞反。下注同。請除館於舟道。舟道，齊地。辭曰：敢勤僕人。不敢勤齊僕爲魯除館。

傳。二十二年。夏。四月。邾隱公自齊奔越。曰：吳爲無道。執父立子。越人歸之。大子革奔越。邾隱公八年爲吳所囚，十年奔齊。

冬。十一月。丁卯。越滅吳。請使吳王居甬東。甬東，越地。會稽句章縣東海中洲也。○[甬]音勇。[句]九具反，又音拘。辭曰：孤老矣。焉能事君。乃縊。越人以歸。以其尸歸。終史墨子胥之言也。

傳。二十三年。春。宋景曹卒。景曹，宋元公夫人，小邾女，季桓子外祖母。季康子使冉有弔。且送葬。曰：敝邑有社稷之事。使肥與有

職競焉。〔肥，康子名。競，遽也。○[輿]音預。〕是以不得助執紼。使求從輿
人。〔求，冉有名。輿，衆也。〕曰。以肥之得備彌甥也。〔彌，遠也。康子父之舅氏，故稱彌
甥。〕有不腆先人之產馬。使求薦諸夫人之宰。〔薦，進也。〕其
可以稱旌繁乎。〔稱，舉也。繁，馬飾，繁纓也。終樂祁之言政在季氏。○[繁]步干反。〕夏六
月。晉荀瑤伐齊。〔荀瑤，荀躒之孫，知伯襄子。○[知]音智。〕高無丕帥師御之。
知伯視齊師。馬駭。遂驅之。曰。齊人知余旗。其謂余畏
而反也。及壘而還。將戰。長武子請卜。〔武子，晉大夫。○[御]魚呂反。〕知
伯曰。君告于天子。而卜之以守龜於宗祧。吉矣。吾又
何卜焉。且齊人取我英丘。君命瑤。非敢燿武也。治英
丘也。〔治齊取英丘。○[守]手又反。〕以辭伐罪足矣。何必卜。壬辰。戰于

犂丘。犂丘，隰也。齊師敗績。知伯親禽顏庚。顏庚，齊大夫顏涿聚。○〔涿〕丁角反。秋，八月，叔青如越，始使越也。越諸鞅來聘，報叔青也。○〔使〕所吏反。

傳二十四年，夏，四月，晉侯將伐齊，使來乞師，曰：昔臧文仲以楚師伐齊，取穀。在僖二十六年。宣叔以晉師伐齊，取汶陽。在成二年。寡君欲徼福於周公，願乞靈於臧氏。以臧氏世勝齊故，欲乞其威靈。臧石帥師會之，取廩丘。石，臧賓如之子。軍吏令繕將進。軍吏，晉軍吏也。繕，治戰備。萊章曰：君卑政暴，萊章，齊大夫。往歲克敵，禽顏庚。今又勝都。取廩丘。天奉多矣，又焉能進？是躗言也。躗，過也。○〔躗〕戶快反。謂過謬之言。服云：僞不信言也。役將班矣。晉師乃還。餼臧石牛(生目鎮)大史謝之(晉大史)曰以寡君之在行牢(在軍行)禮不度(不如禮度)敢展謝之(終臧氏有後於魯)郲子又無道越人執之以歸(終子贛之言)而立公子何何亦無道(何大子華弟)公子荊之母嬖(荊哀公庶子)將以爲夫人使宗人釁夏獻其禮(宗人禮官也)對曰無之公怒曰女爲宗司立夫人國之大禮也何故無之對曰周公及武公娶於薛(武公敖也)孝惠娶於商(孝公稱惠公弟皇商宋也○〔稱〕尺證反又如字)自桓以下娶於齊(桓公始娶文姜)此禮也則有若以妾爲夫人則固無其禮也公卒立之而以荊爲大子國人始惡之(惡公○〔惡〕烏路反)閏月公如越得大子適郢(適郢越王大子得相親說也○適郢越王句踐大子名)

將妻公而多與之地。公孫有山使告于季孫。季孫懼。使因大宰嚭而納賂焉。乃止。嚭。吳臣也。季孫恐公因越討己。故懼。○〔妻〕七計反。〔嚭〕普美反。

傳二十五年夏五月庚辰。衛侯出奔宋。衛侯輒也。衛侯爲靈臺于藉圃。與諸大夫飲酒焉。褚師聲子韤而登席。古者見君解韤。○〔韤〕亡伐反。足衣也。公怒。辭曰。臣有疾。異於人。足有創疾。若見之。君將㱿之。㱿。嘔吐也。○〔㱿〕許角反。是以不敢。不敢解韤。公愈怒。大夫辭之。不可。共辭謝公。公不可解。褚師出。公戟其手。抵徙手屈肘如戟形。○〔抵〕音紙。曰。必斷而足。聞之。褚師與司寇亥乘。曰。今日幸而後亡。恐死。以得亡爲幸。○〔斷〕丁管反。〔乘〕繩證反。公之入也。奪南氏邑。

子南氏子南之子公孫彌牟而奪司寇亥政公使侍人納公文懿子之車于池懿子公文要公有怒使人投其車于池水中初衛人翦夏丁氏在十一年以其帑賜彭封彌子彭封彌子彌子瑕○〔帑〕音奴彌子飲公酒納夏戊之女嬖以為夫人其弟期大叔疾之從孫甥也期夏戊之子姊妹之孫為從孫甥與孫同列○〔飲〕於鴆反少畜於公以為司徒夫人寵衰期得罪公使三匠久公使優狡盟拳彌優狡俳優也拳彌衛大夫使俳優盟之欲恥辱也而甚近信之故褚師比韈登席者公孫彌牟喪邑者公文要失車者司寇亥奪政者司徒期因三匠與拳彌以作亂皆執利兵無者執斤斤工匠所執使拳彌入于公宮信近之故得入而自大子疾之宮譟以攻

公。鄄子士請禦之。鄄子士。衛大夫。○〔鄄〕音絹。彌援其手曰子則勇矣將若君何。言不可救。○〔援〕音袁。不見先君乎君何所不逞欲先君。蒯聵也。亂不速奔。故為戎州所殺。欲令早去。且君嘗在外矣豈必不反當今不可衆怒難犯休而易閒也乃出將適蒲。蒲。近晉邑。彌曰晉無信不可將適鄄。鄄。齊晉界上邑。彌詐不知謀。故公信之。彌曰齊晉爭我不可將適泠。泠。近魯邑。彌曰魯不足與請適城鉏。城鉏。近宋邑。以鉤越越有君。宋南近越。轉相鉤牽。乃適城鉏彌曰衛盜不可知也請速自我始乃載寶以歸。歎衛君言以寶自隨。將致衛盜。請速行。己為先發。而同載寶歸衛也。公為支離之卒。支離。陳名。因祝史揮以侵衛。揮。衛祝史。衛人病之懿子知之。知揮為內閒。見子

之(子之公孫彌牟文子也)請逐揮文子曰無罪懿子曰彼好專
利而妄(妄不法)夫見君之入也將先道焉(若見君有入勢必道助之)
若逐之必出於南門而適君所(雖知其爲君闕不審察私共評之)夫
越新得諸侯將必請師焉揮在朝使吏遣諸其室(難面)
(逐之先逐其家〇〔難〕去聲)揮出信弗內(再宿爲信〇〔內〕如字又音納)五日乃館
諸外里(外里公所在)遂有寵使如越請師(請師伐衛求入)六月公
至自越(前年行今還)季康子孟武伯逆於五梧(魯南鄙也)郭重
僕(爲公僕〇〔重〕平聲又去聲)見二子曰惡言多矣君請盡之(二子不臣
之言甚多欲使公盡極以觀之)公宴於五梧武伯爲祝(祝上壽酒)惡郭重
曰何肥也(訾毀其貌〇〔惡〕去聲)季孫曰請飲彘也(飲罰之)以魯國

之密邇仇讎臣是以不獲從君克免於大行又謂重也肥。（言重隨君遠行劬勞不宜稱肥。）公曰是食言多矣能無肥乎（以激三桓之數食言。）飲酒不樂公與大夫始有惡（為二十七年公孫邾起。）

傳二十六年夏五月叔孫舒帥師會越皐如后庸宋樂茷納衛侯（舒武叔之子文子也皐如后庸越大夫樂茷宋司城子潞衛侯輒也○〔茷〕扶廢反。）文子欲納之懿子曰君愎而虐少待之必毒於民（愎很也○〔愎〕皮逼反。）乃睦於子矣（民睦。）師侵外州大獲（越納輒之師。）出禦之大敗（衛師敗。）掘褚師定子之墓焚之于平莊之上（定子褚師比之父也平莊陵名也。）文子使王孫齊私於皐如（齊衛大夫王孫賈之子昭子也。）曰子將大滅衛乎抑納君而已乎皐如曰寡君之命無他納衛君而已文子致衆而問焉曰君以蠻夷伐國國幾亡矣請納之衆曰勿納曰彌牟亡而有益請自北門出(欲以觀衆心○幾音祈又音機)衆曰勿出重賂越人申開守陴而納公(申重也開重門而嚴設守備欲以恐公使不敢入○守手又反)公不敢入師還立悼公(悼公蒯聵庶弟公子黚也○黚起廉反)南氏相之以城鉏與越人公曰期則爲此(司徒期也)令苟有怨於夫人者報之(夫人期姊也怒期而不得加戮故敎宮女令苦困期姊)司徒期聘於越(爲悼公聘)公攻而奪之幣期告王(越王也)王命取之期以衆取之公怒殺期之甥之爲大子者(忿期而及其姊爲夫人者)遂復及夫人之子(遂終言之)遂卒于越(終言之也終效夷言死于夷)宋景公無子取

公孫周之子得。與啓。畜諸公宮。周，元公孫子高也。得，昭公也。啓，得弟。畜，養也。未有立焉。於是皇緩爲右師。皇非我爲大司馬。皇懷爲司徒。皇懷，非我從昆弟。靈不緩爲左師。不緩，子靈圍龜之後。樂茷爲司城。茷，樂溷之子。○［溷］戶門反，又戶困反。樂朱鉏爲大司寇。朱鉏，樂輓之子。○［輓］音晚。六卿三族降聽政。三族，皇、靈、樂也。降，和同也。因大尹以達。大尹，近官有寵者。六卿因之以自通達於君。大尹常不告而以其欲稱君命以令。不告君也。國人惡之。司城欲去大尹。左師曰。縱之使盈其罪。盈，滿也。重而無基。能無敝乎。言勢重而無德以爲基，必敗也。冬十月。公游于空澤。空澤，宋邑。辛巳。卒于連中。連中，館名。○［連］如字，又音輦。大尹興空澤之士千甲。甲士千人。奉公自空桐入如沃宮。奉公尸也梁國虞縣東南有地名空桐沃宮宋都內宮名。使召六子曰聞下有師君請六子畫。畫計策。六子至以甲劫之曰君有疾病請二三子盟乃盟于少寢之庭曰無爲公室不利大尹立啓奉喪殯于大宮三日而後國人知之司城茷使宣言于國曰大尹惑蠱其君而專其利令君無疾而死死又匿之是無他矣大尹之罪也。言大尹所弒。得夢啓北首而寢於盧門之外。盧門宋東門北首死象在門外失國也○(首)手又反。已爲烏而集於其上咮加於南門尾加於桐門曰余夢美必立。桐門北門○(咮)張又反鳥口。大尹謀曰我不在盟。少寢盟但以君命盟六卿大尹不盟。無乃逐我復盟之乎使祝爲載書六子在唐盂。地名。將盟之。祝襄以載書告皇非我。襄。祝名。○〔復〕扶又反。皇非我因子潞、子潞。樂茷。門尹得、樂得。左師謀曰。民與我。逐之乎。皆歸授甲使徇于國曰。大尹惑蠱其君以陵虐公室。與我者。救君者也。衆曰。與之。大尹徇曰。戴氏皇氏將不利公室。戴氏。卽樂氏。與我者。無憂不富。衆曰。無別。惡其號令與君無別。○〔別〕彼列反。戴氏皇氏欲伐公。公。謂啓。樂得曰。不可。彼以陵公有罪。我伐公則甚焉。使國人施于大尹。施罪於大尹。大尹奉啓以奔楚。乃立得。司城爲上卿。盟曰。三族共政。無相害也。衞出公自城鉏使以弓問子贛。且曰。吾其入乎。子贛稽首受弓。對曰。臣不識也。私於使者曰昔成公孫於陳（僖二十八年衛成公奔楚遂適陳○[孫]音遜）甯武子孫莊子爲宛濮之盟而君入（盟在僖二十八年○[宛]於阮反[濮]音卜）獻公孫於齊（在襄十四年）子鮮子展爲夷儀之盟而君入（在襄二十六年）今君再在孫矣（謂十五年孫魯今又孫宋）內不聞獻之親外不聞成之卿則賜不識所由入也詩曰無競惟人四方其順之（詩周頌言無彊惟得人也）若得其人四方以爲主（爲主主四方）而國於何有

傳二十七年春越子使后庸來聘且言邾田封于駘上（欲使魯還邾田封竟至駘上○[駘]他來反又音臺）二月盟于平陽（西平陽）三子皆從（季康子叔孫文子孟武伯皆從后庸盟）康子病之（恥從蠻夷盟）言及

子贛。（贛思子。）曰。若在此。吾不及此夫。（不及與越盟。）武伯曰。然。何不召。曰。固將召之。文子曰。他日請念。（言季孫不能用子贛。臨難而思之。）夏。四月。己亥。季康子卒。公弔焉。降禮。（禮不備也。言公之多妾。）

晉荀瑤帥師伐鄭。次于桐丘。鄭駟弘請救于齊。（弘。駟歂子。）齊師將興。陳成子屬孤子三日朝。（屬會死事者之子。使朝三日以禮之。○[屬]音燭。）設乘車兩馬。繫五邑焉。（乘車兩馬。大夫服。又加之五邑。）召顏涿聚之子晉。曰。隰之役。而父死焉。（隰役在二十三年。○[涿]中角反。）以國之多難。未女恤也。今君命女以是邑也。服車而朝。毋廢前勞。乃救鄭。及留舒。違穀七里。穀人不知。（言其整也。）（留舒。齊地。違。去也。）及濮。雨不涉。（濮水在陳留酸棗縣。傍河東北經濟陰。至高平入濟。）子思曰大國在敝邑之宇下是以告急今師不行恐無及也子思國參成子衣製杖戈製雨衣也○子〔衣〕於既反〔製〕音制立於阪上馬不出者助之鞭之知伯聞之乃還畏其得衆心○〔阪〕音反一扶版反曰我卜伐鄭不卜敵齊使謂成子曰大夫陳子陳之自出陳之不祀鄭之罪也十七年楚獨滅陳非鄭之罪蓋知伯誣陳子故陳子怒謂其多陵人故寡君使瑤察陳衷焉衷善也謂大夫其恤陳乎若利本之顛瑤何有焉言陳滅於己無傷成子怒曰多陵人者皆不在知伯其能久乎中行文子告成子文子荀寅此時奔在齊○〔行〕戶郎反曰有自晉師告寅者將爲輕車千乘以厭齊師之門則可盡也成子曰寡君命恆曰無

及寡無畏衆雖過千乘敢辟之乎將以子之命告寡君。成子疑其有爲晉之心也。○〔輕〕遣政反。〔厭〕於甲反。又於輒反。文子曰吾乃今知所以亡。自恨己無知。君子之謀也始衷終皆舉之而後入焉。謀一事則當慮此三變然後入而行之所謂君子三思。今我三不知而入之不亦難乎。悔其言不可復。公患三桓之侈也欲以諸侯去之欲求諸侯師以逐三桓。○〔去〕起呂反。下而去同。三桓亦患公之妄也故君臣多間。間隙也。公游于陵阪遇孟武伯於孟氏之衢曰請有問於子余及死乎。問己可得以壽死不。對曰臣無由知之三問卒辭不對公欲以越伐魯而去三桓秋八月甲戌公如公孫有陘氏。有陘氏即有山氏。因孫于邾乃遂如越國

人施公孫有山氏 以公從其家出故也終子贛之言君不沒於魯○因〔孫〕音遜 悼之四年晉荀瑤帥師圍鄭 悼公哀公之子寧也哀公出孫魯人立悼公 未至鄭駟弘曰知伯愎而好勝早下之則可行也 行去也 乃先保南里以待之 保守也南里在城外 知伯入南里門于桔柣之門鄭人俘酅魁壘 酅魁壘晉士○〔桔〕戶結反〔柣〕大結反〔酅〕戶圭反 賂之以知政 欲使反爲鄭 閉其口而死將門 攻鄭門 知伯謂趙孟入之對曰主在此 主謂知伯也言主在此何不自入 知伯曰惡而無勇何以爲子 惡貌醜也簡子廢嫡子伯魯而立襄子故知伯言其醜且無勇何故立以爲子 對曰以能忍恥庶無害趙宗乎知伯不悛趙襄子由是惎知伯 惎毒也○〔惎〕其冀反 遂喪之知伯貪而愎故韓魏反

而喪之。史記。晉懿公之四年。魯悼公之十四年。知伯帥韓魏圍趙襄子於晉陽。韓魏反與趙氏謀。殺知伯於晉陽之下。在春秋後二十七年。○〔喪〕息浪反。

春秋經傳集解哀公下第三十

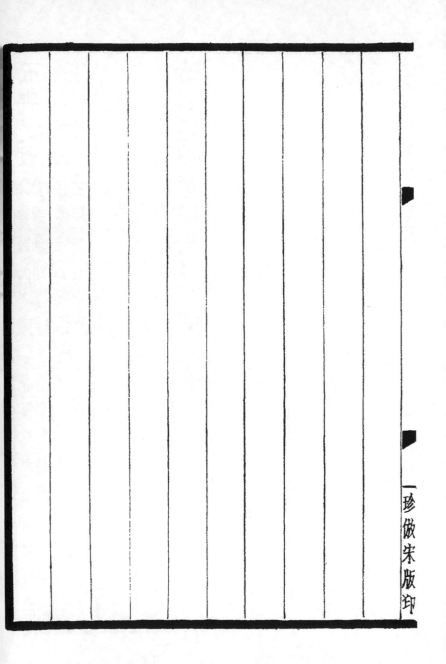

西元二〇二四年三月一日重製一版

春秋左氏傳杜氏集解 冊四（晉杜預集解）

平裝四冊基本定價貳仟貳佰元正
（郵運匯費另加）

發行人 張敏君
發行處 中華書局
臺北市內湖區舊宗路二段一八一巷八號五樓（5FL., No. 8, Lane 181, JIOU-TZUNG Rd., Sec 2, NEI HU, TAIPEI, 11494, TAIWAN）
客服電話：886-8797-8396
公司傳真：886-8797-8909
匯款帳戶：華南商業銀行西湖分行
179100026931
印刷：維中科技有限公司
海瑞印刷品有限公司

No. N0007-4

國家圖書館出版品預行編目(CIP)資料

春秋左氏傳杜氏集解/(晉)杜預集解. -- 重製一版. -- 臺北市：
中華書局, 2024.03
冊； 公分
ISBN 978-626-7349-06-9(全套：平裝)

1.CST: 左傳 2.CST: 注釋

621.732 113001476